내
블로그가
고객을
데려왔다

내 블로그가 고객을 데려왔다

소상공인 사장님들을 위한 블로그 마케팅

강승우 지음

들어가며

　블로그를 하는 우리들의 모습, 저도 여러분들과 크게 다르지 않았습니다.

　새벽 5시. 아침에 일찍 일어나면 성공할 수 있다는 믿음으로, 이 시간에 일어납니다. 그리고 컴퓨터를 켜고 글을 하나 씁니다. 1시간 정도 집중해서 블로그 글을 완성하고, 발행 버튼을 누릅니다. 잠이 부족해서 몸은 힘들지만 1일 1 포스팅이라는 과업을 해냈다는 사실에 뿌듯합니다. '그래 나는 오늘 뭔가 생산적인 일을 했어'라는 자부심이 뭉클 올라옵니다.

　제가 2018년에 블로그를 처음 접했을 때의 모습입니다. 당시 셰어하우스를 홍보하기 위해 블로그 계정을 개설한 것이 계기였습니다. 신림동에 있었던 곳이라 '신림 셰어하우스'라는 키워드로 글을 조금씩 쓰고 있었죠. 지금처럼 블로그 마케팅을 잘 알고 있던 때도 아니었지만, 블로그 글을 통해서 간간이 문의가 들어오기도 했습니다. '오? 신기한데?'라는 느낌으로 블로그를 운영했죠.

하지만, 금세 다른 글들을 쓰기 시작합니다. 셰어하우스 관련 글을 쓰기에는 소재가 없다고 생각했습니다. 그래서 그때 당시 관심 있었던 부동산 투자에 대한 글을 쓰기도 했고, 읽은 책의 서평을 쓰기도 했죠. 흔히 말하는 '잡 블로그'가 되어가고 있었습니다. 이 블로그는 현재 제 개인 퍼스널 브랜딩 목적의 블로그로 활용하고 있습니다. 지금은 책 서평과 제가 사업하는 이야기를 공유하는 목적으로 사용하고 있죠. 1일 1포스팅 나아가 1일 3포스팅까지 했던 적도 있었습니다.

여기서 반전이 있습니다. 사업장 마케팅을 위한 블로그는 이렇게 해서는 안 된다는 겁니다. 이 책을 읽는 많은 분이 제 개인 블로그처럼 블로그를 접하고 운영하고 계실 겁니다. 왜냐하면 시중에 나와 있는 블로그를 알려주는 책과 강의들이 대부분 이런 형태이기 때문입니다. 블로그 리뷰를 써주는 대가로 상품이나 서비스를 무상으로 이용해 생활비를 아끼거나 (체험단), 블로그 지수를 키워서 마케팅 목적의 글을 대신 올려주거나 (기자단), 혹은 개인적인 이야기들을 쓰면서 셀프 브랜딩을 쌓아 인플루언서가 되는 목적으로 블로그를 운영하는 방식들이 더 많이 알려져 있습니다.

그래서 무턱대고 '블로그 마케팅 효과가 좋다'라는 말을 믿고 혼자 해보려고 하지만 블로그는 산으로 가버립니다. 블로그에 대한 경험도 많지 않은데, 이 사람 저 사람 하는 이야기가 달라서 확실한 방향성을 잡기가 쉽지 않습니다. 원래의 목적인 '내 사업장 마케팅을 위해서'라는 생각은 옅어지고 블로그를 위한 글쓰기를 하는 스스로의 모습을 보시게 될 겁니다. 마치 제 개인 블로그가 셰어하우스 마케팅에서 시작했지만, 지금은 제 셀프 브랜딩 블로그가 되어버린 것처럼요.

실제로 이런 분들을 많이 만났습니다. 그중 한 예를 들어보면요. 영어 학원 원장님들 대상으로 블로그 강의를 진행한 적이 있었습니다. 그런데 그 원장님은 '블로그 지수를 키우기 위해 일상 리뷰 글을 쓰는 게 좋다'라는 내용을 믿고 그렇게 쓰셨다고 해요. 그래서 자신이 여행을 갔던 내용이나, 먹었던 것들 이런 글들을 블로그에 쓰셨대요. 당연히 간간이 학원 홍보 목적의 원생 모집 글 같은 것들도 쓰셨고요.

그런데, 어느 날 학부모님께서 '원장님 놀러 다니시는 거 잘 보고 있어요'라는 말씀을 하시더래요. 그 말을 듣고 '어? 이게 맞나?'라는 생각이 번뜩 드셨데요. 예전에는 이런 일상 리뷰 글들을 쓰면서 '와 내가 이제는 블로그로도 먹고 살 수 있을지도 모르겠는데?'라는 생각도 하셨대요. 그런데 이 학부모님의 말을 듣고 '내가 원래 블로그를 하려던 이유는 우리 학원을 홍보하려고 한 건데…' 라는 생각이 드셨다고 합니다. 말 그대로 블로그 운영의 목표를 잃어버린 거죠. 저만 그랬던 게 아니었습니다.

　셰어하우스 입주자를 모집하려고 블로그를 시작했지만, 결국 서평과 제 사업 이야기를 쓰던 과거의 저. 영어 학원 원생 모집을 위해 블로그를 시작했지만, 계속해서 일상 리뷰만 하던 원장님. 이런 이야기를 듣고 뜨끔하셨다면, 이 책을 보고 계신 것이 행운 이라고 이야기해 드리고 싶어요. 이 책에는 제가 시행착오를 겪 어가며 한 땀 한 땀 만들었던 '사업장을 위한 블로그 마케팅 전략' 들을 담은 책이거든요. 특히, 사장님들께서 직접 실행할 수 있는 수준으로 만들어 놓은 책입니다.

　사업장을 위한 블로그 마케팅 방식은 따로 있는데, 이에 대한 내용은 아직 퍼지지 않았죠. 이 책은 바로 사업장을 위한 블로그 마케팅을 본격적으로 알려드리는 책입니다. 제가 직접 제 사업장 의 블로그 마케팅을 실행하면서, 경험한 것들을 토대로 사업주님 들이 직접 할 수 있는 블로그 마케팅에 대해서 알려드리겠습니다.

추천사

"누구보다 성실했고, 누구보다 진심이었던 제자가 어느덧 한 권의 책을 펴냈습니다."

처음 저자를 만난 것은 2022년 봄이었습니다. 저는 2004년부터 요가원을, 2014년부터는 필라테스 센터를 운영해 왔고, 2021년부터는 필라테스 창업 강의를 하며 수많은 예비 창업자를 만나 왔습니다. 특히 필라테스 창업 컨설팅은 주로 프랜차이즈 업체들이 맡고 있던 시절, 개인으로서 필라테스 창업 교육을 처음 시도한 제게 강승우라는 제자는 꽤 인상 깊은 존재였습니다.

그는 필라테스 강사는 아니라고 했습니다. 다만, 필라테스 강사인 아내의 꿈을 응원하고 싶어 창업을 결심했다고 했습니다. 저는 처음엔 이렇게 생각했습니다. "아내가 강사니까, 실제 운영의 중심도 결국 아내가 되겠구나." 그런데 그게 아니었습니다.

센터 인수 초기, 예상보다 훨씬 큰 시행착오들이 이어졌습니다. 강사들이 갑자기 퇴사하고, 회원들의 불만이 쌓이면서 운영은 절대 녹록지 않았습니다. 그 과정에서 부부는 참 많이도 힘들었을 것입니다. 하지만 그때부터 그는 아주 조용하게, 그러나 놀랍도록 진심 어린 방식으로 반전을 만들어가기 시작했습니다.

바로 블로그 글쓰기였습니다. 회사에 다니면서도 새벽 5시 반에 일어나 블로그 글을 올렸다고 합니다. 어떻게든 일주일에 두 편은 쓰려고 했다고 합니다. 그 글들은 화려하진 않았지만, 필라테스를 처음 찾는 사람들의 마음을 헤아리며 꾹꾹 눌러쓴 글이었습니다. 고객의 눈높이에 맞춰 하나씩 정성껏 쌓아간 글들은 결국 고객의 신뢰로 이어졌고, 그 신뢰는 '문의'가 되었으며, 마침내 매출로 연결되었습니다.

그는 마케터도, 글을 전공한 사람도 아니었습니다. 하지만 지금 그는 누구보다 진심을 잘 전달하는 마케터이자, 블로그 글쓰기를 통해 두 개의 필라테스 센터를 성공적으로 운영하고 있는 대표입니다. 나아가, 다른 수많은 필라테스 센터와 지역 업체들의 마케팅을 돕는 사업가로 성장했습니다.

그 모든 변화의 중심에는 언제나 '글쓰기'가 있었습니다. 저는 그 과정을 지켜본 사람으로서, 그리고 이제는 그의 스승이자 동료로서, 이 책을 누구보다도 자랑스럽게 소개하고 싶습니다. 이 책은 그가 직접 발로 뛰고, 손으로 쓰고, 가슴으로 얻어낸 이야기입니다. 단순히 '블로그를 어떻게 써야 하는지'를 넘어, 어떻게 하면 진심이 전해지는지를 보여주는 책입니다.

저자는 이제 더 이상 배우는 사람이 아니라, 자신의 이야기를 나누는 사람이 되었습니다. 저는 스승으로서 무척 뿌듯하고 감사한 마음으로, 이 책을 꼭 권하고 싶습니다. 블로그 마케팅을 고민하는 모든 사장님께 이 책을 권합니다. 성실함과 진정성이 만들어 낸 결과가 무엇인지를, 저자의 사례를 통해 직접 확인하시기를 바랍니다.

  이 책을 읽는 모든 분에게도, 저자가 그랬던 것처럼 변화의 시작이 찾아오기를 진심으로 바랍니다. 그리고 오늘, 이 글을 읽고 있는 여러분에게 조용히 권하고 싶습니다. 당신의 블로그가 고객을 데려올 차례입니다. 아니, 당신의 진심이 닿을 시간입니다.

- 정재형, 필라테스 창업 컨설턴트

  13년 동안 블로그마케팅을 하면서 많은 블로그 관련 책을 읽었지만, 이런 책은 처음 봤습니다. 이론적인 면에서도 굉장히 내용이 탄탄합니다. 그리고 실무적인 내용이 많아 광고회사에 다니지 않으면 배울 수 없는 내용들이 많습니다. 이 책은 아마 실력자들이 더 대단하다고 느낄 수 있는 책이라 생각합니다.

  현재 내가 블로그 포스팅부터 운영관리까지 강의를 듣고, 공부를 했는데도 어떻게 해야 할지 방향을 못 잡고 있다면 이 책은 무조건 필수입니다. 저 일프로가 자부합니다. 이 책은 블로그의 기초와 기본을 올바르게 배울 수 있는 최고의 책입니다.

- 백승용 (일프로), 일의 프로가 모인곳, 일프로 대표

보기 좋은 프랜차이즈 맛집인 줄 알고 들어갔는데, 50년 된 장인의 음식을 맛본 느낌이었다. 저자는 분명 블로그 마케팅으로 돈 버는 방법을 알려주고 있는데 마지막 장을 덮을 때는 인문학 책 한 권을 읽은 것처럼 머리가 맑아진다. 더 많은 독자가 이런 신비로운 체험을 해보길 권하고 싶다.

- 신태순, 게으르지만 콘텐츠로 돈은 잘 법니다, 외 종이책 10권 작가

대부분의 마케팅 책은 이론적 접근에 그치지만, 이 책은 다릅니다. 실제 현장에서 블로그를 통해 사업을 성장시킨 생생한 경험담이자 실용적인 안내서입니다.

저자는 블로그를 단순한 일기장이 아닌 강력한 사업 도구로 변화시키는 방법을 완벽하게 보여줍니다. 필라테스 센터 운영과 블로그 마케팅이라는 두 가지 영역에서 전문성을 결합해 독특한 경쟁력을 만들어냈습니다. 이 책은 단순히 '어떻게 블로그를 운영할 것인가'에 그치지 않고, 블로그를 통해 어떻게 새로운 사업 기회를 창출하고 확장해 나갈 수 있는 통찰력을 담았습니다. 특히 저자가 블로그를 통해 PT 샵 공동 창업, 교육 사업 제안, 콘텐츠 사업 확장에 이르기까지 다양한 기회를 얻어내고 있다는 점은 독자들에게 큰 영감을 줄 것입니다.

현실적인 조언과 실행할 수 있는 전략으로 가득한 이 책은 온라인 마케팅의 힘을 활용하여 오프라인 비즈니스를 성장시키고자 하는 모든 사업자에게 추천합니다. 이 책을 통해 여러분도 블로그라는 강력한 도구를 활용해 고객을 끌어들이고, 더 나아가 새로운 사업적 기회를 창출하는 여정을 시작하시길 바랍니다.

- 배용환 (서울휘), '월급 받는 알짜상가에 투자하라' 저자

방향 없는 노력은 생고생이다. 마케팅 전략 기획 통합 10년 경력자인 나는 오프라인 사업자에게 블로그가 필수적인 마케팅 수단이라고 확신한다. 하지만 정확한 방향성 없이 운영하는 블로그는 생고생의 결과물일 뿐이다.

시간은 유한하다. 한정된 시간에 좋은 블로그 책 한 권을 제대로 읽고 마케팅을 시작하면 수많은 시행착오와 시간을 줄일 수 있다. 모네님의 책이 바로 그 정확한 방향성을 제시해 준다. 다른 책은 더 읽을 필요가 없다.

나만의 방식으로 하는 것이 특별하다고 생각하는가? 그것은 착각이다. 생고생을 피하고 싶다면 이 책을 읽고 시작하라. 이 책만큼 블로그 마케팅의 모든 것을 명확하게 알려주는 책은 없었다.

- 임은영 (임행자), (전) 연 매출 40억 스타트업 마케팅 총괄

진짜 사업주가 몸으로 부딪치며 쌓아 올린 블로그 마케팅 실전기. 단순한 글쓰기 팁이 아니라, 많은 시행착오와 실패를 딛고 쌓아 올린 진심 어린 전략서다. 블로그를 해도 효과가 없던 이유, 고객이 반응하지 않던 이유가 이 책을 통해 명쾌하게 풀린다. 블로그로 고객을 모으고 싶은 사장님이라면 반드시 읽어야 할 필독서다. 읽는 순간, 방향이 보인다.

- 남기태, 클로바코퍼레이션 및 웰니스웨이브 대표

블로그는 사업장의 진정성과 신뢰를 보여줄 수 있는 가장 강력한 마케팅 수단입니다. 무엇보다 비용 부담 없이 쉽게 시작할 수 있다는 장점이 있습니다.

저자는 블로그 마케팅을 직접 실천하고 성공적으로 운영해 온 경험을 바탕으로, 사업주가 꼭 알아야 할 전략과 노하우를 체계적으로 제시합니다. 블로그를 통해 매출을 키우고자 하는 모든 분께 추천해 드립니다.

- 정수빈, 0211필라테스 대표

레슨 실력이 아무리 좋더라도 마케팅 이해도가 낮다면 필라테스 사업에 성공하기 어렵습니다. 자신의 스튜디오를 매력적으로 보여드릴 수 있는 좋은 방법의 하나는 블로그입니다. 이 책은 저자가 몸소 실천한 블로그 마케팅 전략을 하나부터 열까지 아낌없이 알려줍니다.

자본 없이 매출로 이어지는 마케팅을 배우고 싶은 분들이나, 블로그 마케팅 시작이 막막한 분들이시라면 이 책을 통해 큰 도움을 얻을 것입니다.

- 김선아, 에어필라테스 대표

실제 지역에서 사랑받는 필라테스 스튜디오가 되기 위한 블로그 세팅/운영에 대한 핵심 내용이 담겨 있습니다. 강사 입장에서는 마케팅/운영적 관점을 놓치기 쉽고, 센터 운영 경험이 없는 대행사 입장에서는 현장의 실무적인 부분은 잘 모를 수밖에 없습니다. 직접 운영하며 적자 센터를 살려낸 저자의 경험은 지금 같은 시기에 센터 대표님들에게 큰 인사이트를 줄 수 있을 것으로 생각합니다.
- 안상훈, 피트니스 비즈니스 마케팅 교육/컨설팅, 8곳의 센터 위탁운영 대표

차례

들어가며

추천사

1장 ─── 왜 블로그 마케팅인가?

:: 기버의 성공 법칙	25
:: 우리 사업장이 블로그 마케팅을 해야 하는 이유	28
:: 사업주가 운영하는 블로그는 달라야 한다	33
:: 나의 이야기	38
:: 결정적인 순간을 맞이하다	42
:: 헌신	47
:: 필사적이었다. 필사했다	52
:: 이게 되네?	59

2장 ──────── 블로그 글쓰기 기초

- :: 고객 관점   **69**
- :: 글쓰기의 순간   **79**
- :: 글쓰기 후처리   **86**
- :: 글감을 모으는 방법   **92**
- :: **키워드의 세 가지 의미 - 1. 잠재 고객들이 검색하는 단어**   **98**
- :: **키워드의 세 가지 의미 - 2. 잠재 고객들이 모여있는 곳**   **105**
- :: **키워드의 세 가지 의미 - 3. 잠재 고객들의 관심 정도**   **111**
- :: 키워드 관리 시스템   **115**

3장 ──────── 실전 블로그 마케팅

- :: **준비 1.** 블로그 세팅 - PC   **121**
- :: **준비 2.** 블로그 세팅 - 모바일   **130**
- :: **준비 3.** 섬네일 만드는 방법   **134**
- :: **준비 4.** 네이버 톡톡 연동하기   **139**
- :: **준비 5.** 블로그 제목 짓는 방법   **147**

:: **글 유형 1.** 사업주 소개글 　　　　　　　　　　　**150**

:: **글 유형 2.** 사업장 소개글 　　　　　　　　　　　**158**

:: **글 유형 3.** 상품 소개글 　　　　　　　　　　　　**166**

:: **글 유형 4.** 특별 제안 　　　　　　　　　　　　　**174**

:: **글 유형 5.** 함께 일하는 분들의 소개글 쓰기 　　　**177**

:: 소개글 쓰기가 어려운 이유 　　　　　　　　　　　**185**

:: **글 유형 6.** 고객 이야기 　　　　　　　　　　　　**190**

:: **글 유형 7.** 고객들과 유대감 만들기 　　　　　　　**196**

:: **글 유형 8.** 가족 이야기 　　　　　　　　　　　　**203**

:: **글 유형 9.** 소비자들의 편견을 부수는 글쓰기 　　 **208**

:: **글 유형 10.** 사업장의 이용 정보를 주세요 　　　　**215**

:: 블로그에서 만드는 마케팅 퍼널 설계 　　　　　　 **220**

4장 ─── 네이버 플레이스와 AI 글쓰기, 그리고 사업

:: 네이버 플레이스, 이렇게 세팅해 보세요 　　　　　 **229**

:: 네이버 플레이스 순위 고민, 이 글에서 해결하세요 　**233**

:: 플레이스 마케팅의 불편한 진실 　　　　　　　　　**242**

:: 블로그 글 AI 쓰지 마세요 **249**
:: AI의 똑똑한 활용법 **252**
:: 가격 할인 이벤트에 관하여 **257**
:: 베낀다고 될 일은 아닙니다 **265**
:: 상품이 곧 마케팅이다 **268**

5장 —— 블로그 마케팅 대행업도 이렇게

:: 블로그 마케팅 대행 사업 **275**
:: 첫 고객에게 온 힘을 다하다 **282**
:: 신뢰의 씨앗을 뿌리다 **286**
:: 시스템 구축. 사람들과 함께하다 **290**
:: 다시 시작한다면 **294**
:: 블로그 대행 사업의 이점 **298**

마치며

1장

왜 블로그 마케팅인가?

기버의 성공 법칙

'자기야! 이렇게까지 다 알려줘도 괜찮은 거야?'

 이 책을 포함해서 제 활동들을 지켜보고 있는 와이프가 종종 하는 말입니다. 저는 와이프와 같이 필라테스 센터를 운영 하고 있고, 저는 마케팅을 하고 와이프는 운영을 맡아서 일을 하고 있거든요. 그래서 와이프가 걱정이 많습니다. 왜냐하면, 제가 우리 센터의 마케팅 방식을 사람들에게 솔직하게 공개하고 있거든요.

 이런 제 모습을 보고 누군가는 '선한 영향력'이라고 말하기도 합니다. 하지만, 저는 절대 선하지 않습니다. 다만 저의 경제적인 성공을 위해 최선을 다하고 있을 뿐입니다.
 이렇게 설명해 볼게요. 저는 돈을 벌기 위해서는 다른 사람에게 가치를 제공해야 합니다. 다른 사람에게 더 많은 가치를 줄수록, 저는 더 많은 돈을 벌 수 있죠. 저는 이 구조가 '아름답다'라고까지 생각합니다. 제가 돈을 벌겠다는 이기적인 욕구가, 다른 사람들을 이롭게 하는 이타적인 행위로 연결되니까요. 저의 경제적인 성공을 위해서 최선을 다하고 있다고 했죠? 그만큼 더 많은 사람들에게, 더 많은 가치를 드리기 위해 노력하고 있습니다.

어쩌면 이 책이 저와 경쟁하고 있는 우리 동네 필라테스 센터의 사업주 손에 들어가게 되면, 더 빠르게 카피 당할 우려도 있습니다. 와이프가 느끼는 불안감은 우리 사업에 실제로 존재하는 위협 요소입니다. 그렇지만 저는 '기버의 성공 법칙'에 배팅해 보려고 합니다.

애덤 그랜트의 '기브 앤 테이크'에서는 사람들을 기버(주는 사람), 매쳐(받는 만큼 주는 사람), 테이커(받기만 하는 사람) 이렇게 나누고, 사회적인 성공에 있어서 어떤 특성이 유리한지 이야기합니다. 특이한 점은 최상위에 기버가 있었고, 또 마찬가지로 최하위에 기버가 있었죠. 왜 이런 결과가 나온 걸까요? 특히, 어떻게 기버들이 매쳐나 테이커보다 더 나은 성공을 거둘 수 있었던 걸까요?

제 생각을 조금 보태서 해석하면, 기버들은 기버들을 알아보고 함께 일하기 마련입니다. 그리고 기버들은 매쳐와의 관계에서도 협력을 끌어낼 수 있죠. 다만, 기버에게는 테이커는 조심해야 하는 인물이며, 최소한 매처로서 그를 대해야 하는 지혜가 필요하죠. 이렇게 기버들은 자신에게 소중한 것을 먼저 나눔으로서 사람들과의 협력 관계를 만들어내고, 필요한 정보나 자원 등을 자연스럽게 얻을 수 있게 됩니다. (정말로 기대하지 않지만요)

이런 맥락에서 이 책은 작성되기 시작했습니다. 제가 기버의 성공 법칙을 실행하는 수단 중 하나입니다. 그래서 이 자리에서 맹세하건대. 이 책에는 정말로 도움이 되는 블로그 마케팅 운영 전략을 담았습니다. 제가 운영하는 필라테스 센터 2개의 성과도 이 전략들 덕분이었습니다. 그리고 제가 블로그 관리를 도와드리고 있는 분들과, 제게 이 내용을 배워서 실행하신 분들도 이 전략들의 혜택을 얻고 있답니다.

제게 가장 소중한 것을 먼저 드렸습니다. 귀하게 여겨주세요. 그리고 실행으로 옮겨서 성과를 얻어주세요. 그렇게만 해주세요.

우리 사업장이
블로그 마케팅을
해야 하는 이유

'진정성을 보여줄 수 있는
가성비가 가장 좋은 매체입니다.'

블로그 마케팅은 실행하기 쉽습니다. 블로그에 글을 쓰는 것을 기초로 하기 때문이죠. 게다가 한국에서 주로 사용하는 네이버 블로그는 무료로 사용할 수 있기도 합니다. 원칙적으로는 도메인도 사야 하고, 블로그 자체도 생성해서 사용해야 하지만, 네이버에서 무료로 서비스를 제공해 주고 있죠. 네이버 계정을 생성하고, 블로그 서비스에 들어가기만 하면 바로 글을 쓸 수 있는 영역을 줍니다.

그렇다면, 왜 네이버는 블로그를 무료로 제공해 주고 있는 걸까요? 바로 블로거들이 만들어 내는 '정보'가 필요하기 때문입니다. 네이버 검색을 해보세요. 광고 영역을 걸쳐서 아래에 네이버 블로그 글이 보이게 됩니다. 네이버는 검색 서비스를 기반으로 하는 '광고 회사'입니다. 그리고 검색 서비스가 제대로 돌아가려면 정보가 필요하고, 그 정보를 블로그에서 수급하고 있다고 생각할 수 있습니다.

이 환경을 이용하는 것이 블로그 마케팅입니다. 우리 사업의 상품 혹은 서비스가 필요한 사람이 정보를 알아보기 위해 검색을 시작했을 때, 우리 사업장의 글이 노출되어 있다면 어떻게 될까요? 자연스럽게 문의로 이어지고, 매출로 이어지겠죠. 덕분에 우리는 블로그 글을 쓰는 것만으로도 매출을 늘릴 기회를 얻게 되는 겁니다.

이 책은 블로그 마케팅을 다루고 있지만, 더 명확하게 이야기해 드리자면 **사업주가 직접 운영하는 블로그 전략에 대해서 다루고 있습니다.** 크게 보면 블로그 포스팅을 쓸 수 있는 사람은 두 가지로 분류할 수 있습니다.

첫 번째는 사업주가 아닌 사람들이 쓰는 블로그입니다. 보통은 소비자가 쓰는 블로그라고 볼 수 있을 것 같아요. 자신의 소비 경험을 토대로 만드는 후기성 글이 되겠죠. 다만, 이런 글들이 자연스럽게 많이 쌓이지는 않을 거예요. 그래서 사업주 입장에서는 '체험단' 블로거들을 모집해 사업장을 체험하게 만들어 글을 쓰게 만들죠. 조금 더 나아가면, 원고를 주고 블로그에 글을 올리게 만드는 '기자단' 형태의 포스팅도 파생되게 됩니다.

두 번째는 사업주가 직접 블로그를 쓰는 것입니다. 사업장의 공식 블로그를 만들어 사업과 관련된 정보나 고객 사례들을 보여주면서 정보를 직접 만드는 방식입니다. 이 블로그가 제대로 작동하게 되면, 소비자들은 양질의 정보를 얻은 상태로 사업장에 문의하게 될 겁니다.

이 책은 사업주가 자신의 블로그를 직접 쓰는 블로그 운영법에 관한 이야기를 중심으로 담고 있습니다. 그렇다고 지금 마케팅할 사업장이 없는 분들에게 소용이 없는 것은 아닙니다. 이 책에서 말하는 방식으로 다른 사업주님을 도와 대신 블로그를 관리할 수도 있으니까요. 이 사업을 시작할 수 있는 노하우를 얻어가실 수 있을 거예요.

이 블로그 마케팅이 유독 효과적인 사업들이 있습니다. 나중에 더 자세히 이야기하겠지만, 저는 제가 운영하는 필라테스 센터를 살리기 위해 블로그 마케팅을 배웠고, 나름의 노하우들을 얻었습니다. 지금은 20여 개의 블로그를 관리하고 있어요. 이 경험을 바탕으로 블로그 마케팅이 효과가 있는 업종과 그렇지 않은 업종에 대한 가이드라인을 드려보겠습니다.

첫 번째 기준은 소비자가 한 번 결제하는 금액이 20만 원 이상 되는 상품을 다루는 경우입니다. 20만 원도 대략적인 기준입니다. 사람들이 충분히 알아보고 결정하는 상품들을 판매할 때 블로그 마케팅이 효과적입니다. 저희 필라테스 센터도 한 번 결제 금액이 보통 40만 원에서, 많게는 100만 원이 넘어가는 경우들이 있습니다. 이런 업종에 블로그 마케팅을 붙였을 때 효과가 있고, 또 효과가 좋습니다.

두번째 기준은 수요가 많은 상태에서 공급자의 경쟁이 치열할수록 효과가 좋습니다. 필라테스의 경우 한 지역에서 다수의 업체가 경쟁합니다. 그래서 사람들이 사전에 '비교'하는 행위를 통해서 문의를 결정하게 되는데요. 이 과정에서 사업장의 진정성을 담은 글을 하나라도 보거나, 혹은 다른 경쟁점에서는 얻을 수 없는 정보들을 더 많이 얻을 수 있다면? 우리 사업장으로 연락이 올 확률이 높아집니다.

이 두 기준으로 어떤 업종들이 효과가 있을지 쭉 나열해 보겠습니다. 제가 실제로 경험해서 효과를 봤던 업종부터 이야기해 드려봅니다. 변호사, 세무사, 필라테스 센터, 피티샵, 헬스장, 국·영·수 학원, 예체능 학원, 영어 유치원, 부동산 중개소 등입니다. 또, 아쉽게 제가 경험해 보지는 않았지만, 비슷한 메커니즘으로 블로그 마케팅이 통할 것 같은 업종도 알려드립니다. 행정사, 법무사, 청소업, 관리형 스터디카페, 요가 센터, 펜션, 인테리어 등이 있습니다.

　이 리스트에는 없지만, 우리 사업장이 '한 번이라도 블로그를 통해서 문의했다.' 혹은 '동종업에서 블로그 마케팅으로 효과를 얻었다'라는 말을 들으신 분들이라면, 이 책에서 말하는 블로그 마케팅 글쓰기와 전략들이 분명히 효과가 있을 겁니다.

사업주가 운영하는
블로그는
달라야 한다

'사업주의 목표는 조회수가 아닙니다.
OOO이죠.'

제가 첫 번째 필라테스 센터를 인수하고, 두 달 성도가 지났을 때였습니다. 일요일 저녁이었고, 여느 날처럼 센터 블로그에 들어가서 글을 쓰려고 앉아 있었죠. 그런데 평소보다 40배가 넘는 조회수가 찍혀 있었습니다. '와? 이거 뭐지?' '블로그 마케팅 제대로 되고 있나?' '내일 문의가 좀 오려나?'라는 기쁜 생각이 들었습니다.

다음날, 평소와 같이 센터는 조용했습니다. 블로그 조회수는 늘었지만, 문의로는 연결되지 않았죠. 왜 이런 현상이 일어났는지 하나하나씩 분석해 봤습니다. 알고 보니, 우리 필라테스 센터에서 수업하고 있는 강사님들 중 한 분이 TV 프로그램에 잠깐 출

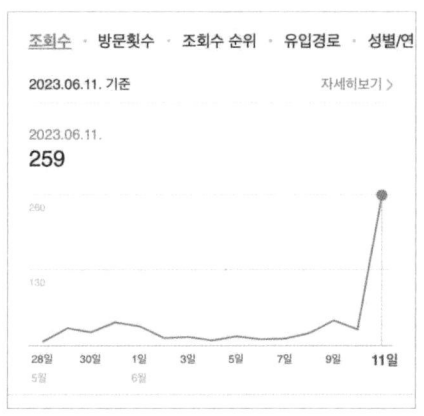

연한 것이었습니다. 그래서 그 선생님의 이름을 검색하고 찾아오는 키워드가 많았습니다.

그리고, 그 검색은 주로 30대, 40대 남자들. 그리고 60대 남자들이 많이 한 것 같더라고요. 여성을 타깃으로 하는 필라테스 센터에 문의로 이어지는 사람들의 관심을 끈 것은 아니었습니다. 이때 제대로 알게 되었습니다. 조회수나 순 방문자 수는 문의량과는 크게 관련이 없을 수도 있다는 것을요.

이 사건 이후로 조회수나 순 방문자 수와 문의량과 관계를 한동안 살펴봤습니다. 조회수나 순 방문자 수가 높다고 해서 문의가 많지는 않았고, 반면에 조회수나 순 방문자 수가 낮다고 문의가 적지도 않았습니다. 왜 그럴까 생각을 해봤습니다. 필라테스를 알아보기 위해 우리 센터를 알아보는 사람 중 일부는 블로그

를 봤을 겁니다. 그들도 블로그에 최소 조회수 1, 순방문자 수 1의 흔적을 남기고 갔겠죠. 하지만, 이들 이상의 허수가 많아, 문의량을 예측하는 지표로서는 크게 도움이 되지 않게 돼버린 것 같았습니다.

　한편으로는 검색량이 적어도 문의가 들어오는 키워드가 있었습니다. 키워드마스터 기준으로 조회했을 때 월간 검색량이 20밖에 되지 않는 키워드임에도 불구하고 문의로 연결되는 키워드가 있었던 거죠. 이런 키워드까지 발견하면서, 사업장의 마케팅을 위한 블로그 운영은 일반적인 블로그 운영 방식과는 달라야 한다는 확신을 하게 됩니다. 실제로 제가 그때가지 수강했던 일반적인 블로그 강의들에서는 이런 검색량 20짜리 키워드들은 의도적으로 사용하지 않기도 했었거든요. 하지만, 필라테스 센터에는 신규 고객 문의 하나하나가 소중합니다. 우리 센터에서는 분명히 이런 글들이 필요했습니다.

결국, 사업장 마케팅을 위한 블로그 운영에 있어서 가장 중요한 지표는 문의량이라고 할 수 있습니다. 사장님들께서 직접 받게 되시는 전화나 메신저에 울리는 '블로그 보고 연락드렸어요.' 하는 숫자가 가장 중요한 성과입니다. 블로그에 찍히는 '조회수'나 '순 방문자 수'는 참고는 할 수 있을지는 몰라도, 블로그 마케

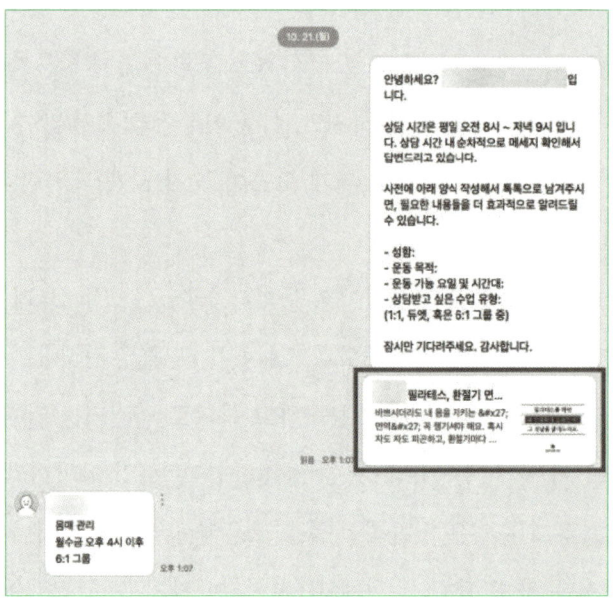

★ 참고: 블로그에 네이버 톡톡을 연동해서 사용하면, 고객들이 네이버 톡톡 문의를 하기 직전에 봤던 글을 확인 할 수 있습니다. 이런 장점이 있어 저는 네이버 톡톡을 메인 상담 창구로 사용합니다. 이 책에서도 설정하는 방법이 나와 있으니, 끝까지 읽어주세요.

팅의 성과를 측정하는 지표로서는 꽝인 셈이죠.

지금부터 제가 알려드릴 블로그 운영법은 정말로 제가 운영하는 필라테스 센터, 나아가 블로그 대행사에서 사용하고 있는 핵심 기술들입니다. 저에게는 일 년에 억 단위의 매출을 만들어주고 있는 핵심 기술이기도 하고요. 와이프의 걱정을 뒤로하고, 여러분들과 저의 경제적인 성공을 위해 한 땀 한 땀 작성했습니다. 내 사업장에 효과가 있을 것으로 생각하시는 분들은 끝까지 읽어보시고, '문의량'을 늘리는 블로그 운영법을 익혀가셨으면 좋겠습니다.

나의 이야기

'위기는 기회다. 제가 믿는 말입니다.'

2023년 봄, 제 인생에 손에 꼽을 정도로 힘든 시기를 보냈었습니다. 4월부터 운영을 시작한 필라테스 센터 때문이죠. 4월 운영 첫 달 매출은 1,200만 원. 그런데 강사들 인건비만 1,200만 원이 나갔습니다. 월세, 공과금, 마케팅 비용, 그 외 자질구레한 비용들을 합쳐보니 마이너스 400만 원이라는 처참한 성적을 얻게 됩니다. 이때는 제가 회사에 다니고 있었고, 월급을 받고 있었습니다. 하지만 제 월급만큼의 돈이 빠져나간다는 사실이 저를 힘들게 만들었습니다. 돈도 돈이지만 '앞으로도 이 비극이 계속될 것 같다'라는 어두운 전망이 더 힘들게 만들었습니다. 어떻게 헤쳐 나갈 수 있을지 눈앞이 캄캄했습니다.

그리고 이건 그냥 시작에 불과했습니다. 와이프와 엄청나게 싸우기 시작합니다. 지금 생각해도 트라우마가 생길 정도의 기억입니다. 지금 생각해 보면 저보다 와이프가 더 스트레스를 많이 받았을 겁니다. 저야 본업 회사에 있으면서 회원권 결제되는 내역만 받아보면 되었지만, 와이프는 센터에 직접 나가서 강사님들과 회원님들에게 부대껴야 했으니까요. 자신도 열심히 한다고 하는데도, 이 정도의 적자를 본다는 사실이 크게 힘들었을 겁니다.

필라테스 센터 운영은 필라테스 강사였던 와이프의 꿈이었습니다. 와이프는 20대부터 피트니스 모델로 사회생활을 시작했습니다. 그런데 헬스장에서 개인 운동을 하다가 그만 허리를 다치게 됩니다. '악' 소리와 함께 그 자리에 쓰러져 버렸고, 병원에 실려 가게 됩니다. 그때부터 자신의 몸을 바로 세우기 위해 필라테스를 배우게 됩니다. 저를 만나서 연애할 때는 이미 경력이 꽤 된 필라테스 강사였었고, '나도 언젠가는 내 필라테스 센터를 운영하고 싶어'라는 이야기를 자주 했었죠. 그리고, 결혼하고, 아이를 낳고, 그 아이가 어린이집에 가기 시작하고, 양도 매물로 나와 있던 필라테스 센터를 인수하면서 그 꿈이 실현되었죠.

그런데 꿈과 현실은 아주 달랐습니다. 와이프는 직접 수업하고 싶어 했습니다. 그래서 인수 직후부터 기존 수업의 일부를 조정해야 했죠. 이 과정에서 기존 대표에게 불만이 있었던 강사님이 그만두시게 됩니다. 이 변화가 회원님들께는 크게 느껴지셨나 봅니다. 회원님들은 새로 온 원장, 그러니까 와이프에게 상당히 적대적이셨죠. 예전에 강사로 일했던 센터들에서는 인기 강사 중 한 명일 정도로 수업을 꽤 잘했던 와이프였습니다. 그런데 인수한 센터에서 초반에 수업할 때, 수업 중간에 '수업이 마음에 안 든다.'라고 나가버리는 회원도 있으셨습니다. 이런저런 자잘한 클레임도 많았죠.

직원도 말썽이었습니다. 수업을 진행하는 강사 선생님들과는 크게 문제가 없었습니다. 하지만, 그때 당시 회원님들을 상담하고, 수업 관리를 하던 실장이 문제였습니다. 어느 날은 갑자기 몸이 아프다며 결근하더니, 두 번 정도 연달아서 이런 식으로 자리를 비워버립니다. 이에 대해서 우리 부부는 이런 식으로 결근하면 곤란하다고 이야기했지요. 이 이야기를 듣고 이 분은 바로 그만둬 버립니다. 어떠한 인수인계도 없이 말이죠. 나중에 2호점을 시작했을 때, 같은 원장인지 모르고 2호점에 이력서를 내기도 하더라고요. 당연히 면접도 보지 않았습니다.

이렇게 이야기하지만, 저희도 문제였습니다. 와이프가 강사로서 필라테스 센터에서 일한 경험은 센터를 운영하는 것과는 완전히 결이 달랐습니다. 저도 마찬가지였습니다. 일단 필라테스라는 운동에 대해서 잘 몰랐고, 센터의 모든 것들이 낯설었습니다.

그러다 보니 잔 실수가 잦았죠. 언제 한 번은 회원님들 수업 예약 프로그램을 잘못 설정해, 회원님들이 큰 혼란을 겪는 사고도 겪게 됩니다. 와이프랑 싸우면서 그날의 뒷수습을 했던 기억이 아직도 생생합니다.

이렇게 갖은 고생은 다 했는데. 적자 400만 원이라는 성적표를 받았던 겁니다. 모든 것이 제대로 돌아가지 않는 느낌이었습니다. 개인 생활도 무너져 버렸습니다. 와이프와 저는 작은 것도 민감하게 반응하기 시작했고, 하루걸러 싸우기 시작합니다. 이제 막 두 돌이 지난 아이가 있었는데 이혼 이야기가 나올 정도였습니다. 사업이 망하면 가족이 흩어진다는 이야기를 살짝은 경험해 보게 됩니다.

지금 돌이켜 생각해 보니, 이 어려움은 우리 부부의 사업적 역량을 단시간에 높여 준 시간이었습니다. 한 3개월 정도 이 위기의 상황이 계속되었는데요, 이 위기 속에서 우리는 서로에 대해서 더 잘 알게 되었고, 역전을 위한 기술들을 절박하게 연마하게 됩니다. 저는 마케팅을 그리고 와이프는 운영과 세일즈 측면에서 서로 최선을 다하기 시작하죠.

어떻게 했냐고요? 다음 장에서 자세하게 설명하겠습니다.

결정적인 순간을 맞이하다

'사람은 스스로 만든 이야기 속에서 살아갑니다.'

지금은 이렇게 마케팅 책으로 여러분께 인사드리고 있지만, 필라테스 센터 사업을 하기 전까지 저는 마케팅과 전혀 맞지 않는 사람이라고 생각했습니다. 남들에게 무언가를 파는 것이 상당히 불편한 사람이었어요. 그때까지 제가 생각하는 마케터의 이미지는 트렌드를 빠르게 쫓아가고, 새로운 아이디어들을 창의적으로 만드는 사람이었습니다. 저는 이런 성향의 사람이 아니라고 여겼습니다. 그런데 이제는 이런 생각을 할 여유가 없었습니다. 고상한 척하다가 소중한 것들을 잃을지도 모른다는 절박함이 밀려왔습니다.

그리고 결정적인 순간을 맞이합니다. 언제나처럼 습관적으로 책을 보고 있었는데, 그때 마침 간다 마사노리의 '비상식적 성공 법칙'을 읽고 있었습니다. 그리고 되고 싶은 '자신이 원하는 직함을 적어라'는 내용과 마주하게 됩니다. 그때의 울림이 어찌나 크던지. 그러고는 생각해 봅니다.

'마케팅 회사의 대표가 되겠다.'

와이프와 운영하는 필라테스 센터를 고객으로 생각하고, 마케팅 회사 대표로서 성과를 내겠다는 생각을 제대로 하게 됩니다. 기존에 가지고 있던 제 자신에 관한 생각을 고치고, 새롭게 변하고자 결심하게 됩니다. 이 선언을 했던 그날이 아직도 생생합니다. 와이프와 싸우고 집에 나와서(어디에 간다고 밝히지도 않았던 것 같네요), 여의도에 있는 어떤 카페에서 했던 다짐입니다. 연인들 & 지인들끼리 이야기 나누고 있는 사람들, 그 속에서 다짐하는 제 모습.

그 뒤로 이 글을 쓰는 2년 조금 안 되는 시간 동안. 이런 일들이 벌어졌습니다. 지금까지 이야기했던 필라테스 센터의 매출을 2,800만 원까지 만들어봅니다. 이때의 월 세전 순익은 최대 1,400만 원까지 기록하게 됩니다. 계절에 따른 매출 등락, 혹은 인기 선생님이 그만두면서 생기는 매출 하락 등을 겪기는 했지만, 꽤 안정적으로 신규 문의가 들어오고 있습니다. 와이프는 여전히 센터에 출근하고 있지만, 완전히 '관리직'의 역할을 하고 있습니다.

첫 번째 센터가 안정적으로 운영되기 시작하자, 약 1년 뒤 새로운 센터를 같은 방식으로 인수하게 됩니다. 첫 번째의 경험이 있어서 훨씬 더 빠르고 안정적으로 성과가 나왔습니다. 2024년 12월에는, 이전 원장이 운영하던 2023년 12월과 비교해 4배의 매출을 만들어냅니다.

제가 운영하는 필라테스 센터의 마케팅 이야기를 블로그에 올렸습니다. 그랬더니, 우리 사업장의 블로그 마케팅을 맡아달라는 다른 사업주분들을 만나게 됩니다. 필라테스 센터, 학원, 세무사 블로그에서 실제로 성과를 내고 있습니다. 일종의 마케팅 대행업을 별도의 사업으로 진행하고 있는 것입니다. 이 글을 쓰는 시점까지 월 최대 매출은 1,300만 원, 그리고 월 최대 순익은 1,000만 원까지도 기록해 봅니다. 노트북 한 대로 시작한 사업이 필라테스 센터에 버금가는 사업이 되었죠. 혼자 할 수 있는 업무량은 일찌감치 넘어버려, 지금은 정직원 2명이 있는 작지만 강한 회사로 성장하게 됩니다.

원래 다니던 회사는 그만두게 되었습니다. 무계획적인 퇴사와 정반대로, 철저한 준비를 마친 상태로 세상에 나왔죠. 퇴사한 바로 다음 날 집 근처 공유 오피스에 사무실 계약을 하고, 이곳으로 출근하고 있습니다. 무엇보다 남이 만들어 놓은 시스템 없이, 제가 만든 일로 돈을 벌 수 있다는 사실에 하루하루 감사한 일상을 보내고 있습니다. 경제적 자유까지는 한 참이지만, 경제적 자립 정도는 해냈다고 스스로 격려하고 있습니다.

마지막으로, 유치원 다니는 딸아이와 조금은 여유롭게 등원할 수 있었습니다. 또, 일주일에 두 번 정도는 제가 직접 요리도 하며, 가족들과 시간을 보내고 있죠. 다만, 일은 회사에 다닐 때보다 훨씬 더 많이 합니다. 하루 평균 10시간 정도. 하지만 제게 주어진 시간을 자유롭게 사용할 수 있는 힘을 얻었다고 생각합니다. 그 덕분에 얻을 수 있는 생활의 소소하지만 중요한 행복들이라고 할 수 있겠네요.

자랑이 조금 과했을지도 모르겠습니다. 하지만, 이 책을 보시는 상당히 많은 분은 제가 누구이고, 어떤 삶을 살아왔는지, 지금은 어떤 생활을 하는지 잘 모르실 거로 생각합니다. 그래서 이런 이야기를 제 스스로 하지 않으면 알려드릴 방법이 마땅치 않았어요. 그리고 어느 정도의 동기 부여가 되셨으면 하는 의도도 있습니다. 이 책에서 이야기해 드리는 블로그 마케팅 전략들은 실제로 효과가 있습니다. 하지만 그 효과를 체감하기까지는 최소 3개월은 잡아주셔야 합니다. 어쩌면 6개월이 걸릴지도 모르고요.

그런데 이 시간은 생각보다 길거든요. 웬만한 절박함 혹은 확신이 없으면 효과가 나오기 전까지, 제가 이야기해 드리는 내용들을 실행하기가 어려우실 거예요. 한편으로는 이 시간을 기다리지 못해서 중간에 포기하시는 분들도 많습니다. 충분히 이해합니다. 사업을 운영하는 분들은 분명히 이 일 말고도 다른 중요하고 긴급한 일들이 치고 들어올 거예요. 이런 상황에서 효과가 있는지, 확신이 없는 일을 꾸준히 해낸다는 것은 어려운 일입니다.

제가 이야기해 드린 성과들. 제 스스로 이야기하기 너무 낯 간지럽습니다. 다만 이 책에 나오는 블로그 마케팅 활동을 꾸준히 유지하는 연료로 삼아주세요. '강승우라는 사람이 책을 냈는데, 그 책에 담긴 방법으로 3개월 동안 이렇게 했더니, 이런 성과가 났데.'라는 식으로, 일종의 롤모델로서 활용해주세요.

"지금 바로, 선언해 주세요."

그래서 제안합니다. 이 페이지를 넘기기 전에 아무 펜을 들고 아래에 써주세요. '나는 마케터다.'라는 문장을 말이죠. 진심을 담아서 종이에 꾹꾹 눌러써 주세요. 제가 이뤘던 변화의 시작점, 기억하시죠? 여의도의 한 카페에서 했던 제가 했던 결심. 여러분들도 똑같이 하시는 겁니다.

나는 마케터다.

헌신

'진심으로 헌신하면, 생각은 현실이 됩니다.'

제대로 결심하고 오셨나요? 좋습니다. 이제 이 결심을 위해서 헌신할 시간입니다. 헌신이란? 몸과 마음을 바쳐 있는 힘을 다한다는 뜻입니다. 여러분이 쓴 '나는 마케터다'라는 문장을 실현하기 위해 노력해야 합니다. 우선, 제가 어떻게 했는지 그 과정을 상세히 이야기해 드리겠습니다.

시간은 우리가 가진 가장 소중한 자산입니다. 이 시간을 활용해서 우리는 원하는 것을 이룰 수 있죠. '나는 마케터가 되겠다'라는 다짐도 시간을 사용해야 달성할 수 있습니다. 적어도 저는 이렇게 믿었습니다(이때 당시만 해도 마케팅에 대해서 제대로 모르고 있었다는 사실을 꼭 기억해 주세요). 그래서 저는 우선 제 일상생활에서 마케터가 될 시간부터 빼둡니다.

우선 평일 출근 전 2시간을 확보했습니다. 이때 당시 저는 오전 10시까지 출근인 회사에 다니고 있었습니다. 9시에 회사로 출발하면 딱 맞게 도착할 수 있었는데요. 그래서 오전 5시 반 정도에 일어나면 하루에 2시간 정도의 시간을 확보할 수 있었습니다. 5시 반에 일어나서 7시 반까지 마케팅 일을 하고, 7시 반에서 9시까지 간단히 아이 아침을 챙기고 어린이집 등원을 시키고 출근했습니다(와이프가 오전에 필라테스 센터에 나가고 있었거든요).

이 시간에는 주로 필라테스 센터 마케팅 관련 실무를 진행했습니다. 네이버 플레이스도 관리하고, 구글 지도도 관리하고, 블로그 글도 쓰고, 인스타그램 게시물도 만들어보고, 당근 마켓에도 등록해 보고, 하다못해 우리 센터에 세워 둘 X 배너(입간판)를 디자인하고 주문을 넣어두기도 했죠. 초반에는 다양한 활동을 했지만, 이후 블로그 마케팅의 효과를 체감하고 나서부터는 블로그 글을 쓰는 데 이 시간을 대부분 활용했습니다. 아웃풋을 위한 시간이었습니다.

한편, 출퇴근 지하철 타는 시간과 점심시간, 자투리 시간도 알차게 모았습니다. 이렇게 매일 1 시간 정도 확보할 수 있었습니다. 지하철에서는 마케팅 책을 읽었습니다. 그리고 점심시간에는 일부러 한식 뷔페만 다니면서, 오디오북으로 책을 들었습니다. 회사 동료들이 한식 뷔페를 간다고 하면 함께 갔지만, 이들은 곧 질려서 다른 곳을 찾았습니다. 그래서 혼자서 밥 먹는 시간을 만들 수 있었고, 저는 책을 더 읽을 수 있었죠.

책 뿐만 아니라 필라테스 센터 마케팅에 도움 될 만한 강의를 이 시간에 찾아서 들었습니다. 무료로 풀린 강의도 들었고, 유료로 결제한 강의들도 이 시간에 봤습니다. 정확히 말하면 밥 먹으면서, 그리고 식당에 가면서 듣고 있다가 주목할 만한 내용이 나오면 멈춰서서 해당 내용을 보고 넘어가는 식으로 학습했습니다. 이 자투리 시간이 인풋의 시간이었죠.

그리고 마지막으로 와이프에게 이야기합니다. '나 마케팅 제대로 해볼 테니까. 일요일 낮 2시까지 내 일할 시간을 줘.' 라고요. 와이프의 승낙을 얻어내게 됩니다. 일요일에도 여전히 새벽 5시 반에 일어났습니다. 그리고 간헐적 단식이라고 생각하고, 아침을 거르고 마케팅 일을 했습니다. 그렇게 낮 2시까지. 약 8시간의 시간을 만들 수 있었습니다.

이때는 몰입해서 끝내야 하는 일들이나, 평일에 처리하지 못한 일들을 진행했습니다. 책이나 강의로 이런저런 것들을 배웠지만, 그 내용을 실행하기 위해서 첫 한 바퀴는 몰입이 필요했습니다. 가령 블로그 글 쓰는 방법을 배웠다고 하더라도, 가장 처음 배운 형태로 글을 쓰기 위해서는 시간이 더 소요되었거든요. 그래서 주말에 한 번 이 과정의 시간을 들여 끝내 놓으면, 평일에 최적화된 형태로 진행할 수 있었습니다.

또, 회사에 다니던 직장인이었으니, 회사 업무로 인해 평일에 마케팅 일을 하지 못하는 경우도 생겼습니다. 그 전날 야근을 했다면, 다음 날 새벽 5시 반에 일어나는 건 정말 힘든 일이었습니다. 이 일요일의 8시간 덕분에 밀린 일이 있다면 처리할 수 있었습니다.

이렇게 평일 5일간 3시간, 일요일 8시간을 합치면 23시간이 됩니다. 하루에 8시간씩 일하는 직장인 기준으로 보면 3일에 해당하는 시간입니다. 생각보다 꽤 많은 시간이죠? 이 당시 저도 놀랐습니다. 7일 중의 3일을 마케팅 업무를 하는 사람이라면, 마케터라고 스스로 불러도 괜찮겠다는 생각도 들었습니다. 지금 돌이켜보니, 나름 인풋과 아웃풋, 학습과 실행이 균형을 잘 이루고 있기도 하네요.

위에서 이야기해 드린 헌신은 제가 마케팅이라는 기술을 얻기 위해 했던 것들입니다. 어린이집 다니는 아이가 있는 30대 직장인의 헌신이었죠. 제가 경험도 없는 상태에서 '어디 한 번 해보자'라는 생각으로 무턱대고 덤빈 상태의 스케줄입니다. 후회는 없습니다. 하지만 어느 정도 마케터로서 경험이 쌓인 지금이 여러분께 더 좋은 조언을 드릴 수 있을 것 같아요.

이 책을 읽고, 딱 일주일에 두 번. 하루에 2시간만 시간을 내주세요. 정말 줄이고 줄여서 이 정도의 시간이라도 확보해 주세요. 이 책을 읽고 계신 여러분들을 과감하게 일반화시켜 보면, 과거의 저와 같은 직장인 분들과 지금의 저와 같은 자영업을 하고 계신 분들이 있을 것 같습니다. 직장인 분들께는 아마 위에서 이야기해 드린 제 일과가 시간을 만드는 데 도움이 되실 거예요. 아이가 없다면 저녁 시간까지 사용할 수 있을 겁니다.

반면에, 자영업을 하시는 분들은? 하루의 시작에 이 책에서 설명해 드리는 전략들을 실행할 시간을 꼭 만들어주세요. 아마 일과가 시작되면 당장 급한 일들을 처리하느라 글을 쓸 여력이 없으실 겁니다. 혹은 시간이 나더라도, 이리저리 치이다 보면 글을 쓸 힘이 없어져 버릴 겁니다. 그래서 꼭 마케팅 관련 업무를 중요하게 여기시고, 일과 시작 전에 해두라고 제안합니다.

필사적이었다.
필사했다

'필사 덕분에 정말 빠르게 배울 수 있었습니다.'

마케터가 되기 위한 시간이 마련되었습니다. 그리고 이제는 필라테스 센터를 살려내기 위해 마케팅을 집중해서 공부하기 시작합니다. 여전히 이 센터에서는 제 월급만큼의 적자가 나오고 있다는 거… 잊지 않으셨죠?

우선, 제가 할 수 있는 일들을 확인해 봅니다. 블로그 마케팅 강의를 듣기 시작했습니다. 예전에도 제 개인 블로그를 키우기 위해 몇 번 들었던 적이 있었는데… 놓친 것이 없는지 확인하기 위해 다시 들었습니다. 그리고 누군가가 무료 강의를 한다면 찾아가서 들었고, 또 유료 전자책도 필요하다면 사서 읽었습니다. 솔직히 가치가 없는 껍데기 같은 강의들도 많았습니다. 하지만 그마저도 감사했죠. 대부분 온라인으로 진행되었기 때문에, 본업 회사에 다니고, 아이를 보면서도 학습할 수 있었죠. 껍데기라고 판단되면 그냥 듣고 흘리면 될 일이었습니다.

한 가지 팁을 드리면, 동영상 강의를 듣는 경우 (가능하다면) 빠르게 재생하기 기능을 활용해서 1.5 배속으로 수업을 들었습니다. 이렇게 이야기하면 '나는 귀에 잘 안 들어오던데?'라고 말씀하실 분들이 있으실 것 같습니다. 괜찮습니다. 지금의 목표는 모든 내용을 학습하는 것이 아니거든요. 내가 배울만한 뭔가가 있는지 없는지를 스캔하는 과정이라고 볼 수 있습니다. 1.5배속으로 듣다가 이해가 안 되는 부분이 있으면 다시 돌아가서 속도를 원래대로 늦추고 다시 듣고 넘어갔죠. 나중에 아는 것들이 많아지면서는 이마저도 불필요하기도 했습니다.

이렇게 학습하다 문득 이런 생각을 하게 됩니다. '이 사람이 실제로는 어떻게 하고 있을까?' 제대로 된 강의는 일종의 설계도 같은 느낌이었습니다. 블로그를 어떻게 운영하면 될지 가이드가 제시되는 느낌이었는데요, 실제로 그 설계도로 나온 결과물들을 보고 싶었어요. '단순히 아는 것' 이상의 학습이 필요했습니다. '내가 저렇게 글을 쓸 수 있는가?'의 수준까지 학습이 되어야 한다고 생각했죠.

이런 생각을 하고 있을 때 힌트를 발견하게 됩니다. 블로그 강의들에서는 종종 사례들을 보여줍니다. 샘플이었죠. 어? 이 블로그를 찾을 수 있다면 실제로 어떻게 작성했는지 알 수 있겠다 싶었습니다. 그리고 정말로 그 블로그를 찾았습니다. 그 블로그를 요리조리 관찰하고 분석해 봅니다. 어떤 키워드를 사용하는지, 어떤 글감을 사용하는지, 글은 어떻게 작성하는지, 그리고 한 달에 글이 몇 개나 나오는지 등등. 그리고 이런 블로그들을 더 찾아내서 꾸준히 관찰했죠.

그리고 결정적으로, 그 블로그에 있는 글 중 일부를 필사했습니다. 모니터의 한 쪽에는 필사할 블로그 글을 켜두고, 다른 한 편에는 제 블로그를 열어두고 똑같이 써봤죠. 토씨 하나 틀리지 않게. 들어가는 표나 인용구, 그리고 링크까지 똑같이 만들었습니다. 어디까지나 '학습'의 관점으로 이렇게 했죠. 이렇게 베껴 쓴 글은 어디에도 발행하지 않았습니다. 제 블로그에 '비공개' 상태로 저 혼자만의 기록으로 남겨두었죠.

그리고 딱히 발행할 이유도 없었습니다. 필라테스 센터 블로그를 필사하는 경우는 거의 없었거든요. 보통 변호사, 세무사, 병원 등 전문직 블로그들, 그리고 블로그 마케팅 대행사들의 블로그 글이 좋은 경우가 많았습니다. 그러니까 제가 필라테스 센터 블로그를 그냥 베끼는 일은 없었죠. 다른 분야의 블로그들을 역설계해서 우리 센터 블로그에 녹여야 했으니까요.

나중에 알게 된 사실이지만, 글 좀 쓰는 실력 있는 마케터들은 변호사, 병원 블로그를 대행하는 경우가 많았습니다. 이 분야에서는 고객 한 명이 지불하는 금액이 몇백만 원 수준이었고, 블로그 대행 비용으로 월 200만 원 이상을 지불하더라도 수지타산이 맞는 마케팅이었습니다. 즉, 마케터 입장에서는 같은 일을 하고서도 더 많은 부가가치를 창출할 수 있었고, 그만큼 페이를 높게 받을 수 있었던 거죠. 글을 잘 쓰는 마케터들이 운동 센터를 맡을 가능성은 작았고, 그만큼 수준 있는 글들을 만나기 어려웠습니다. 그래서 여러분들도 필사한다면, 변호사, 병원들의 블로그를 찾아보시는 게 훨씬 도움이 되실 겁니다. 물론 이쪽 세계에도 노출만 목표로 하고 글 퀄리티에 신경을 쓰지 않는 곳도 있습니다. 이런 부분을 유의하면서, 이런저런 글을 보고 안목을 키워나가는 것도 연습이겠죠.

이 '필사'에 대한 아이디어는 '역설계'라는 책에서 많은 영감을 받았습니다. 남의 것을 모방하여 창조적인 무언가를 만드는 전략들을 알려주는 책입니다. 비슷하게 '일류의 조건'이라는 책에서는 '훔치는 힘'을 강조하기도 하는데요, 비슷한 맥락으로 이해하고 있습니다.

이렇게 필사했더니, 확실히 제 글이 변하기 시작했습니다. 먼저 필사하다 보니 블로그 마케팅에 필요한 기능적인 요소들을 알 수 있었어요. 후킹이 들어가는 부분이라든지, 어떤 심리적 요소를 사용한다든지, 블로그의 어떤 기능을 어떻게 사용했는지 같은 내용들을 학습할 수 있었습니다. 그리고 이런 기능적인 요소뿐만 아니라, 글감에서도 많은 영감을 얻었습니다. '와, 이런 내용까지 글로 쓴다고?' 싶은 것들이 많았습니다. 글감을 발견하는 감각이 예리해졌죠.

그리고, 블로그 강의 내용들이 '내가 행할 수 있는 지식'으로 바뀌었습니다. 필사를 마치고 나면, 이 문장과 표현들이 어떤 이유로 이렇게 작성되었는지 알 수 있게 되었죠. 앞서서 강의를 '설계도'라고 표현을 했었는데요, 그 설계도가 필사의 경험과 합쳐서 활용할 수 있는 지식이 되었어요.

마지막으로 자신감이 생겼습니다. 필사하면서 '어? 내가 이것보다 더 잘 쓸 수 있겠는데?' 싶은 글도 꽤 많이 만났습니다. 어쩌면 예술적인 글쓰기는 재능의 영역일지도 모릅니다. 그런데, 적어도 마케팅을 위한 글쓰기는 노력의 영역이라는 생각이 들었습니다. 이런저런 요소들을 넣고 글을 만들었을 때 문의하는 패턴이 있는지를 알게 된 것이죠. 그래서 막연했던 '블로그 마케팅'이 '노력을 하면 되는 일'로 바뀌게 됩니다.

제가 블로그 마케팅을 얻게 된 결정적인 학습 과정도 알려드렸습니다. 여러분들께도 제가 했던 역설계의 과정을 추천해 드립니다. 글이 좋은 다른 블로그들을 찾아서 모아두시고, 분석하고, 글을 따라서 써보세요. 이렇게 이야기해 드리면 아마 제가 운영하는 블로그들을 어떻게든 찾아보실 것 같기도 합니다. 제 개인 블로그는 열려있고, 조금만 신경 쓰면 제가 운영하는 센터 블로그도 찾으실 수 있을 겁니다. 얼마든지 환영합니다.

다만, 제 글들을 약간만 수정해서 베껴 쓰시는 것은 크게 효과가 없을 겁니다. 이 책을 쓰기 전에도 저는 강의를 통해서 제 노하우들을 알려드리고 있었거든요. 당연히(?) 강의를 보고 베껴 쓰시는 분들도 나타났습니다. 제보를 통해서 알기도 했고, 제가 찾아보기도 했습니다. 그런데 그 글들이 하나 같이 이상하더라고요.

곰곰이 생각해 보니, 모방을 통한 학습이 충분히 이뤄진 다음 그 내용들이 내 사업장에 맞게 응용되어서 나와야 하는데, 학습의 과정이 쏙 빠져버린 거죠. 그러니 응용이 없었고, 응용이 없으니, 글에 진정성이 느껴지지 않았습니다. 뭔가 몸에 안 맞는 옷을 입은 느낌이 강했습니다.

다시 한번 강조하지만요. 좋은 글을 필사하는 것과 그것을 베껴 쓰는 것은 전혀 다릅니다. 나중에 2장 블로그 글쓰기 기초와 3장 실전 블로그 마케팅에서 다시 설명해 드리겠지만, 글쓰기를 통해서 보여줘야 할 것은 내 사업장의 본질입니다. 그리고 같은 필라테스 센터를 운영하더라도 원장님에 따라 이 본질은 다릅니다. 다른 사업을 하시는 분들도 마찬가지일 겁니다. 그런데 단순하게 베껴버리면 이런 본질이 담길 리가 없습니다. 잔머리를 쓰기보다는 정공법으로 돌파하세요. 여러분들의 진심을 꾹꾹 눌러 담아 블로그 글을 쓰는 겁니다.

이게 되네?

　열심히 블로그 공부하고, 좋은 사례들을 따라도 써보고, 제 나름대로 글을 쓰고는 있었습니다. 그런데 결정적인 한 가지가 없었습니다. 블로그 글을 어느 정도, 어떻게 하면 효과가 있을지 확신이 없었습니다. 그런데도 자꾸만 의심이 스멀스멀 올라왔습니다. '블로그 글 쓴다고 되는 건가?' 내가 쓴 글을 보고 사람들이 필라테스 센터를 찾아온다는 생각을 상상하기가 힘들었습니다.
　아마 이 책을 읽고 계신 여러분들도 이런 심리 상태를 가지게 될 것 같습니다. 블로그 마케팅이 내 사업장에 효과가 있다는 것쯤은 주변 지인을 통해서 듣거나, 유튜브, 인스타그램, 블로그 등에서 이런저런 콘텐츠를 소비하시면서 한 번쯤은 들어보셨을 테니 말이죠. 하지만, '정말로 내 사업장에 도움이 된다'라는 확신을 갖기까지는 상당한 갭이 있을 거예요.

일단 뭐가 되든 3개월은 해보자. 그때 제가 했던 생각입니다. 계속하던지, 그만하든지에 대한 판단은 3개월 뒤에 내리기로 합니다. 그리고 3개월은 블로그 마케팅에 최선을 다해보기로 합니다. 적자를 면하기 위해 이거라도 해야겠다는 생각이 지배적이었습니다. 한편으로는 성과가 없더라도 와이프에게 '나도 노력하고 있어'라는 말을 하기 위한 거리를 만든다는 느낌도 있었고요. 확신은 없었지만 절박함은 있었다고 표현할 수 있겠네요.

저는 3개월이라는 시간을 '어림잡아' 계획해서 실행했지만요. 정말로 블로그 마케팅이 효과가 나기 위해서는 3개월 정도가 걸렸습니다. 글 하나를 쓴다고 바로 문의가 쏟아지는 경우는 드물었습니다. 있기도 했지만 흔하지 않았습니다. **하지만 3개월 동안 주 2회 정도의 글을 꾸준히 발행해 30여 개의 글이 쌓였을 때부터 확실히 문의량이 달라졌습니다.** '블로그 글 보고 왔어요'라는 방문 고객님들의 말도 듣기 시작했습니다.

제가 필라테스 센터를 인수한 2023년 4월은 필라테스 센터 사업의 열기가 꺼졌을 시점이었습니다. 코로나 시절 '자동 운영 가능한 필라테스 센터'라는 이야기들이 돌면서, 센터들이 참 많이 생겼죠. 2023년 4월은 코로나가 끝나는 시점에 소비자들은 필라테스 말고 다른 활동들에도 눈을 돌리던 때입니다. 그러면서 전체적인 매출은 빠지는 상황이 되었죠. 상황이 이렇게 되니, 이 시기에는 필라테스 먹튀 사건들이 뉴스에 대대적으로 나왔습니다. 그 때문에 사람들은 '필라테스 센터'라는 대상에 대한 불안함을 가지고 있을 시기였습니다.

위기는 기회라고 믿었습니다. 지금이 필라테스 사업 자체에 대한 위기의 순간이라고 생각했고, 이것을 반전시킬 수 있는 것이 없을까? 라는 생각을 해봅니다. 이 생각이 꼬리의 꼬리를 물어 **결국 '어떻게 하면 사람들에게 우리 센터가 먹튀를 안 하겠다는 생각을 전해줄 수 있을까?'를 본격적으로 고민하게 됩니다.** 이런 내용을 블로그 글에 담아보기로 하죠.

가장 먼저 떠오른 생각은 '먹튀 하지 않습니다'라는 이야기를 전면에 내세우는 것이었습니다. 생각해 보니 그렇게 썩 좋은 방법은 아니라는 판단을 내렸습니다. '먹튀'라는 단어를 떠올리게 만드는 문제가 있었기 때문입니다. 먹튀를 하지 않겠다는 건 우리 센터의 일방적인 약속일 뿐. 먹튀라는 것 자체가 일방적으로 약속을 지키지 않는 것이라 설득력이 떨어진다고 생각했습니다. 차라리 '먹튀'라는 단어가 연상되지 않게 하는 것이 더 중요해 보였습니다.

그래서 먹튀라는 단어를 쓰지 않으면서, 사람들에게 간접적으로 '우리는 믿을 수 있는 센터입니다'를 보여주기로 했습니다. 여러 가지 아이디어들이 나왔는데, 그중 하나가 '와이프의 얼굴을 보여주자'였습니다. 아무래도 블로그에 얼굴까지 공개한 사람이 먹튀를 하기는 쉽지 않을 테니까요. (적어도 그렇게 믿을 테니까요)

이왕 와이프의 얼굴을 보여준 김에 '자기소개' 같은 글을 써주면 좋겠더라고요. 우리가 상품을 살 때, 상품 그 자체가 좋아서 살 때도 있지만, 그것을 판매하는 사람의 이야기에 이끌려 사는 경우도 있잖아요? 이런 생각을 기반으로 와이프에게 물어봅니다. '어쩌다 필라테스 강사가 된 거야?' 연애할 때부터 대충 흘려듣고는 있었지만, 와이프의 인생 스토리를 진지하게 들은 건 처음이었습니다.

와이프는 필라테스에 진심이었습니다. 강사 생활도 오래 하기도 했고, 무엇보다 본인이 허리를 다쳐서 재활 목적으로 필라테스를 시작했었습니다. 그러다 보니 필라테스가 주는 '가치'에 믿음이 있었죠. 이 이야기를 블로그 글로 전해보기로 합니다. 와이프의 얼굴을 드러내고, 필라테스 강사가 된 계기, 나아가 이 센터를 운영하게 된 이야기를 블로그에 썼습니다. 그리고 이 글을 블로그에 들어오면 가장 먼저 볼 수 있게 노출하고, 네이버 플레이스에도 걸어두었습니다.

> 필라테스를 오랫동안 쉬다가 다시 해보고 싶어서 등록했어요! 원장님이 관리하시는 블로그 글 보고 진정성이 느껴져서 ■■■■■로 선택했네용ㅎㅎ 네이버 문의 신청했을 때 응답도 빨랐고 내방 상담 때도 원장님이 직접 친절히 설명해 주셔서 믿음이 가는 곳이에요! 깔끔한 인테리어에 다양한 기구, 게다가 실력 좋은 강사님들이 많이 계시니 열심히 운동해 볼랍니당>.<

실제로 플레이스에 남아있는 영수증 후기

그랬더니? **'원장님 블로그 글에서 진정성이 느껴져서 등록했어요.'라는 회원님들이 생기기 시작했습니다.** 심지어 어떤 분들은 헬스장이랑 같이 있는 필라테스 센터는 신뢰가 가지 않았는데, 원장님의 글 보고 여기는 믿을 수 있을 것 같다고 이야기하며 등록을 하시는 분들도 있었습니다.

이런 성과가 나기 시작하자, 블로그 마케팅에 확신이 생겼습니다. 그럴 수밖에 없었어요. 온 나라가 필라테스 먹튀 사건으로 떠들썩한데 '믿을 수 있어서 왔어요'라는 피드백을 받은 것이니까요. 이런 확신이 생기자 제대로 계획을 잡고, 전략을 세우면서 블로그를 운영하게 됩니다. 사람들은 어떤 생각을 하면서 필라테스 센터를 찾을까? 내가 쓰는 글을 어떻게 노출하면 좋을까? 이런 생각들을 하며 글을 써나갔죠.

와이프의 소개 글, 센터의 소개 글, 우리 센터가 가지고 있는 회원권의 종류들, 우리 센터를 찾아주시는 회원님들의 이야기들

등등. 센터에서 일어나는 일들을 '회원님의 관점'에서 글을 써내기 시작합니다. 그렇게 3개월이 지나고, 이런 일들이 일어나게 됩니다.

첫 달 400만 원 적자였던 필라테스 센터는 월 최대 순익 1,400만 원까지 나오는 센터가 됩니다. 중간중간에 와이프가 '자기 대단한데?'라는 칭찬까지 들을 정도가 됩니다. 이 칭찬이 제게는 큰 동기 부여가 되어 더 이 일에 몰입하게 되죠. 그러면서 마케팅과 글쓰기 관련된 책들을 읽으며 제 블로그 마케팅 기술들을 더 고도화시키게 됩니다.

한편으로는 센터에서 상담하는 와이프가 결제 상담이 훨씬 쉬워졌다고 이야기를 전해줍니다. 이미 블로그 글들로 충분한 정보를 얻고 오는 분들이다 보니 가격만 맞으면 결제하는 느낌이라고. 문의했을 때의 결제 전환율도 올라간 것이죠. 이 부분은 2호점을 인수했을 때 더 체감하게 됩니다. 블로그가 자리 잡힌 1호점에 비해, 블로그가 제대로 갖춰지지 못한 2호점 상담할 때 에너지가 훨씬 더 많이 들어갔다고 하더라고요.

이와 중에 바로 길 건너편에서 저희와 경쟁하던 필라테스 센터는 회당 5,500원까지 할인 행사를 했지만, 저희는 타격이 없었습니다. 오히려 경쟁 센터는 몇 개월 뒤, 선생님들의 임금 체불 소식이 들리더니, 나중에는 폐업하게 되었죠.

'이게 되네'라는 말이 나올 정도로 신기한 경험을 하게 됩니다. 그리고 이 경험은 지금도 계속하고 있죠. 블로그가 갖춰지고 신규 문의가 꾸준히 들어오다 보니, 센터는 활기가 돌았고, 기존 회원님은 또 나름대로 계속 재등록이 이뤄졌습니다. 이렇게 제가 운영하는 센터는 블로그가 자리 잡으면서, 사업 운영도 자리를 잡게 되었습니다.

사업장을 운영하면서, 블로그 마케팅을 하기는 생각보다 어렵습니다. **못할 것은 아니지만, 시간 내서 글을 쓰는 습관을 만드는 게 어렵거든요.** 그리고 이런 어려움의 이면에는 블로그 마케팅에 대한 '확신'이 없어서 그런 것 같습니다. 이런 종류의 확신은 아마 스스로 경험해 보시기 전에는 얻기 어려우실 것 같습니다. '블로그 보고 문의드리는데요'라는 말을 듣기 전까지 말이죠.

그래서 제가 블로그 마케팅에 확신을 가지게 되었던 최초의 경험을 생생하게 전달해 드렸습니다. 제 경험을 디딤돌 삼아서 여러분만의 성과도 만들어보세요. 다들 돈을 벌기 위해서 사업을 시작하셨을 겁니다. 블로그를 쓰면 돈이 벌리는 것을 확인하면 마다할 대표님들은 없을 테니까요.

2장

블로그 글쓰기 기초

고객 관점

'진부하지만 실천하기는 어렵습니다.'

제게는 블로그 마케팅을 배우고 싶다는 분들의 연락이 꽤 옵니다. 돈이 된다는 사실을 알고 있고 어느 정도 글쓰기에 자신 있는 분들인 경우가 많습니다. 말뿐만 아니라 실제로 성과물이 있는 경우도 많았습니다. 꽤 오랫동안 블로그를 운영하고 있거나, 책을 내시거나 하는 글로 만든 성과물 말이죠.

실제로 이런 분들과 같이 일을 하거나, 알려드리기도 하는데요. 잘하시는 분들도 있고 기대에 못 미치는 경우도 있었습니다. 다 같이 글쓰기에 자신이 있어서 시작한 일인데… 어떤 사람이 성과를 내고, 반면에 어떤 사람은 그렇지 못할까요?

제 생각에는 상대방의 생각을 읽고, 그에 맞춰서 글을 쓸 수 있는 사람들이 잘했습니다. 실제로 만나서도 상대방의 이야기를 잘 듣는 사람들이 훨씬 유리했어요. 반면에 자기 생각이 너무 강해서 다른 생각이나 관점을 받아들이지 못하시는 분들은 이 과정을 많이 힘들어하셨습니다.

이 이야기를 이 시점에서 왜 하냐면요, 오랫동안 사업을 하신 분들일수록 자기 생각이 강해지는 경향이 있더라고요. 경력이 쌓일수록 노련함이 늘어나고, 본질이 좋아집니다. 훌륭한 일이죠. 하지만, 여러분의 깊이가 깊어 질수록, 우리 사업장을 찾아주시는 고객분들의 마음을 읽기는 점점 힘들어집니다. '이 사람이 어떻게 생각할까?'라는 생각보다는 '이건 당연한 건데, 왜 모르지?'라는 생각을 더 자연스럽게 하실 겁니다. 이 차이를 인정하고, 상대방이 어떤 생각을 하고 있는지 생각하며 글을 쓰는 게 중요합니다.

다행히 이 차이를 한 번이라도 이해하기 시작하면, 그 다음부터는 쉽게 됩니다. 그 방법을 알려드릴 텐데요. 제가 만나본 본질이 강력한 사업주님들께서도 실제로 사람을 앞에 두고 이야기를 할 때는 쉬운 용어들로 잘 설명해 주시더라고요. 즉, 눈앞에 사람이 있으면 그 사람의 실제 반응에 따라 딱 맞게 내용을 설명해 주셨습니다. 괜히, 글을 쓴다고 하면 어깨에 힘이 들어가서 어렵게 쓰는 것이더라고요. 그래서 이렇게 조언드려봅니다.

> **눈앞에 고객님이 있다고 생각하고,
> 그분과 대화하듯이 글을 써 주세요.**

상담이 꼭 필요한 업종을 오래 하신 분이라면, 어떤 포인트를 고객들이 좋아하는지, 신기해하는지, 놀라워하는지, 싫어하는지, 이런 내용들을 알고 계실 겁니다. 감정을 움직였던 대화들을 글감으로 사용해 고객들에게 실제로 했던 이야기들을 작성해 보세요. 고객 관점의 글쓰기를 실현하기 가장 좋은 전략입니다.

저는 운이 좋았습니다. 필라테스 센터를 운영하고 있지만, 필라테스를 전혀 경험하지 않은 상태였었거든요. 앞서 이야기해 드렸다시피 와이프가 필라테스 강사여서 시작하게 된 사업이었습니다. 와이프의 본질을 살린 사업이죠.
대신에 저는 우리 센터의 블로그 마케팅을 시작할 무렵부터 우리 센터 소속 선생님께 1:1 수업을 듣기 시작했어요. 우리 센터에서 일어나는 일들을 알고 싶었어요. 저는 매일 컴퓨터 앞에서 사무 업무를 보는 직장인이었고, 필라테스 센터에 가장 많이 오는 유형의 사람이었습니다. 과거에 허리디스크 판정을 받은 적도 있고, 평소에도 허리 통증과 어깨 결림도 심했어요. 와이프는 직업병인지 제 몸을 볼 때마다 '어깨가 말려있다. 운동해야 해'라는 핀잔을 주기도 했어요. 그런데, 선생님에게 수업을 한 번 받고 나면 일주일이 개운했습니다. 그리고 3개월 정도 지났을 때는, 허리 통증이 상당히 줄어들었습니다. '와 진짜 좋은 운동이구나'라는 걸 확신하게 되었죠. 이 경험을 통해서 고객 관점에서 필라테스가 주는 가치에 대해서 확신 할 수 있었죠. 그리고 고객 관점에서 우리 센터를 어떻게 보여줄지 진지하게 고민하게 되었죠.

이 책에 담긴 모든 전략은 고객에서부터 시작합니다. 그들이 우리 사업장을 어떻게 바라보고, 어떻게 생각하는지를 이해하고, 그 지점에서 글로써 대화를 시작하는 책이라고 볼 수 있습니다. 이렇게만 설명하면 광범위하니 여기서는 글의 단어 수준, 문장 수준, 문단 수준, 그리고 글 수준으로 쪼개서 설명드려봅니다.

1. 단어 수준

우리가 쓰는 글의 단어조차도 고객들이 쓰는 단어를 써 주세요. 예를 들어 '실버 필라테스'라는 표현을 생각해 보겠습니다. 필라테스 센터에 꽤 많이 걸려있는 단어인데요. 아이러니하게도 우리가 실버라고 부르는 연령층의 분들은 자신을 실버라고 생각하지 않습니다. 필라테스를 찾아본다고 하면 그냥 '필라테스'라고 검색하고 알아보지, '실버 필라테스'로 특별히 더 검색하지는 않으시죠. 즉, 실버 필라테스는 그저 필라테스 센터 운영자가 쓰는 단어일 뿐인 거죠. 굳이 이 나이 때의 사람들을 대상으로 하고 싶다면, 60대 필라테스, 70대 필라테스 같은 단어들이 더 적합해 보입니다. 그래서 60대인 사람 혹은 70대인 사람들이 '나도 할 수 있겠는데?'라는 생각을 하게끔 만들어주는 글을 쓰는 거죠.

이 외에도 비슷한 사례로 필라테스 원장님들은 '맨즈 필라테스'라는 단어를 쓰지만, 실제로 남자들이 필라테스를 알아볼 때는 '남자 필라테스'라는 단어를 씁니다. 또, 회원님들은 강사님들을 '선생님'이라고 부르지만(줄여서 '쌤'을 쓰기도 합니다), 원장님들은 '강사'라고 부르죠. 이 외에도 업종에 따라 더 많은 단어가 나올 겁니다. 이 단어들조차 고객들이 쓰는 단어로 사용해 주세요.

2. 문장 수준

직관적으로 이해되는 문장들을 써 주세요. 블로그 글을 쓰는 사람들은 적어도 1시간, 많게는 2 ~ 3시간에 걸쳐서 글을 씁니다. 상당한 노력이 들어가죠. 하지만, 막상 글을 읽는 사람은 훑어봅니다. 글 하나당 1분 정도라도 투자해서 꼼꼼하게 읽으면 정말 다행입니다. 이런 상황을 반영해서 대충 읽어도 글이 읽히게 만드는 것이 좋습니다. 몇 가지 기술들을 알려드릴게요.

먼저 **능동문을 사용해 주세요.** 예를 들면, '필라테스는 조셉 필라테스에 의해서 만들어진 운동입니다.'라는 문장보다는 '조셉 필라테스가 이 운동을 만들었습니다.'가 훨씬 직관적입니다. 같은 내용을 담고 있지만, 수동문을 사용하면 괜히 문장이 어렵게 만들어집니다. 능동문으로 사용해 주세요.

그리고, **조사나 접속사를 생략하는 것도 좋습니다.** 예를 들면, '운동을 합니다.'가 아니라, '운동합니다.'라는 표현이 간결합니다. 무심결에 글을 쓰다 보면 이런 표현을 자주 쓰게 되니까, 퇴고할 때 하나씩 점검해 보세요.

마지막으로, **부사와 감탄사를 생략해 주세요.** '정말,' '매우,' '진짜,' 같은 최상급 부사들을 사용하지 않아도 의미 전달하는 데 지장이 없습니다. 그런데도 마케팅한다고 생각하니 강조해야 할 것 같은 마음에 이런 단어들을 쓰십니다. 그러면 어느새 이런 부사들이 여러 번 등장하는 글을 쓰시게 될 거예요. 이런 부사들과 감탄사가 많을수록 오히려 과장되어 진정성이 떨어진다고 생각합니다. 차라리 이런 표현을 최대한 지양하고, 정말로 필요할 때만 딱 강조해서 써주는 게 좋다고 생각해요. 예를 들면 '필라테스는 정말로 좋은 운동이니까 꼭 해보세요!' 보다는 '필라테스는 좋은 운동입니다.'라고 쓰는 것입니다.

3. 문단 수준

글을 봤을 때, 글 전체의 생김새도 중요합니다. 형식 자체도 메시지입니다. 차분하고 깔끔하게 정리된 글일수록 사람들은 그 글에서 신뢰감을 느낍니다. 이를 위해서 이런 것들을 챙겨주시면 좋은데요.

중앙정렬보다는 좌측정렬로 글을 써주세요. 블로그에서 보이는 많은 글들을 중앙정렬로 글이 작성되어 있습니다. 그런데 우리는 평소에 글을 어떻게 읽나요? 좌에서 우로 읽는 것이 훨씬 편할 겁니다. 인터넷 세상을 제외하고 대부분의 한국어는 좌에서 우로 적혀있습니다. 우리의 고객들에게는 아무래도 좌측정렬로 쓰인 글이 눈에 더 잘 들어올 겁니다.

좌측정렬을 쓰시겠다고 마음먹으셨다면, 스마트폰의 좁은 화면에서도 글을 잘 읽을 수 있도록 글 사이의 간격을 더 많이 만들어주세요. **PC 화면에서는 2줄 정도 적어주고, 엔터키를 3번 정도 쳐서 글을 작성해 주세요.** 이렇게 여백을 만들어주면, 글을 읽는 사람의 스마트폰 화면에 맞게 저절로 줄 간격이 바뀌면서 읽기 좋게 변합니다.

그리고, 구분선, 사진, 인용구들을 활용해서 글의 흐름을 만들

PC에서 본 화면   모바일에서 본 화면

어주세요. 문자만 나열된 글은 재미가 없습니다. 내용이 변경되는 부분에 이런 시각적인 요소들을 적절히 활용해서 글에서 잠깐 쉬어가는 공간을 만들어주세요.

마지막으로, 강조색은 정말로 강조할 때만 써주세요. 어떤 블로그 글들은 알록달록 글자에 여러 색이 들어간 경우들이 있습니다. 이렇게 하면 이 색상이 내용을 강조한다기보다는 그저 장식인 것 같은 느낌을 줍니다. 이런 방식보다는 하나의 색을 지정해주세요. 이 색은 사업장의 메인 인테리어 색감 혹은 명함에서 많이 사용하고 있는 것으로 해주세요. 일관성을 유지하는 겁니다. 그리고 **강조한 문구만 쭉 읽더라도 글의 전체 내용이 이해될 수 있는 내용에만 이 색을 적용해 주세요.** 이렇게 사용하면 우리가 쓰는 글의 핵심 메시지를 쉽게 전달할 수 있습니다.

4. 글 수준

이제 마지막 단계입니다. 가장 높은 '글 수준'인데요. 먼저 블로그에 들어가는 글을 쓸 때, **평소 쓰는 말투나 기본 성격을 꾸준히 유지해 주세요.** 평소에 유머 있는 성격이라면, 인터넷 밈들을 활용해서 글을 쓸 수 있을 겁니다. 반면에 평소에 진지한 성격이라면, 필요한 사진들만 제시하면서 글을 쓰는 게 좋습니다. 이렇게 캐릭터를 잡아놓지 않으면, 글을 보는 사람으로서는 '어, 다른 사람이 관리하나?'라는 생각을 하기 쉽거든요.

또, 독백이 아닌 **대화체로 말을 걸듯이 작성해 주세요.** 블로그를 통해서 잠재 고객과 상담한다는 느낌으로 작성해 주세요. 그러면 자연스럽게 말을 거는 형태가 편하실 거예요. 이 장의 시작 부분에서 이야기해 드렸다시피, 눈앞에 사람이 있다고 생각하고 이야기를 해주세요.

마지막으로, **감정 상태를 건드려주세요.** 사실 일상에서 대화하면 이 과정은 자연스럽게 녹아들어 가기 마련입니다. 예를 들면, 우리는 지인이 임신했을 때 어떻게 반응하나요? '축하해요'라는 말을 할 겁니다. 그리고 현재의 몸 상태에 관해 이야기를 나누겠죠. 입덧한다든지, 어디가 아프다든지, 출산을 어떻게 할 것인지 등등. 그렇다면, 임산부 필라테스에 대한 글을 쓸 때는 어떻게 하면 좋을까요? '축하해요'라는 말로 시작하는 것이죠. 그리고 자연스럽게 겪게 될 신체의 변화에 대해서 글로 써주는 것이죠.

이렇게 고객 관점을 글쓰기의 모든 단계에 적용해 주세요. 한번에 쉽게 습관화되지는 않을 거예요. 하지만, 위에서 이야기해 드린 팁들을 적용할 때마다 글의 퀄리티가 올라가는 것을 느끼실 겁니다. 다음 장에서는 글을 쓰려고 컴퓨터 앞에 앉았을 때 유용한 전략들을 소개해 드리겠습니다.

글쓰기의 순간

'혹시 글쓰기는 얼마나 해보셨나요?'

이 책을 보시는 분들의 글쓰기 실력은 아주 다양할 것 같습니다. 글쓰기에 자신이 있는 분들은 크게 걱정이 안 됩니다. 어쩌면 이 장에서 이야기해 드리는 내용을 이미 활용하고 있으실 수도 있고요. 하지만, 글쓰기 경험, 특히 성인이 된 후의 글쓰기 경험이 거의 없다면 이 장의 내용을 꼼꼼히 읽고 활용해 주세요.

제가 가장 중요하게 생각하는 글쓰기 원칙입니다. 멋지게 이야기해 보면 '무의식'을 활용해서 글을 쓰는 겁니다. '생각의 흐름대로 써라'라고 하면 갑자기 학교 다닐 때 배운 '무의식의 흐름대로 쓴 이상의 작품이 떠오를지도 모릅니다. 괜히 난해하고 그렇죠? 괜한 편견입니다. **하나의 키워드, 주제에 대해 정말로 생각나는**

대로 주저리주저리 써보세요. 첫 문장에서부터 끝맺음까지 한 번에 쓰는 것이 중요합니다. 이러면 시간도 얼마 걸리지 않습니다.

이렇게 만들어지는 글들. 아마 처음에는 마음에 안 드실 겁니다. 그런데 내 마음에 들고 말고를 스스로 판단하지 마세요. 그런 자기검열이 글쓰기 습관을 만드는 데 부정적인 영향을 미치거든요. 그냥 일단 생각나는 대로 쓰다 보면 글을 많이 쓰게 될 겁니다. 그 양이 누적되다 보면 질이 향상될 거예요. 그러니까 처음 글이 마음에 들지 않는다고 너무 좌절하지 마세요. 누구에게나 처음은 있으니까요. 저 역시도 과거 블로그 글들을 살펴보면 '참 많이 늘었네'라는 생각을 하거든요.

여기에 덧붙여서 빠르게 좋은 글을 만들 수 있는 전략들을 알려드릴게요. 이 전략들을 실천하시다 보면, 점점 글의 퀄리티가 좋아지는 것을 느끼실 수 있을 겁니다.

전략 1. 평소에 생각하는 시간을 많이 가지세요.

생각이 중요합니다. 제가 앞서서 생각나는 대로 쓰라고 그랬잖아요? 그러니까 **내 생각이 평소에 잘 정리되어 있으면 좋은 글이 나오는 겁니다.** 그래서 막상 키보드를 치면 글을 쓰는 행위 자체가 점점 더 쉬워질 거예요. 어떤 주제에 대해서 꾸준히 생각을 해보세요. '생각하기'라는 활동이 어색하실 수도 있습니다. 살아

생전 이런 훈련을 받은 한국 사람은 정말 몇 없을 겁니다. 여러분들이 어색해하는 것도 이상하지 않아요. 아마 자리에 앉아서 멍하게 있어야 했나? 라는 생각이 들지도 모르겠습니다. **제가 제안해 드리는 방법은 산책입니다.** 생각할 주제를 떠올리면서 산책을 나가보세요. 30분 정도 천천히 걷다 보면 꽤 괜찮은 생각들이 떠오를 겁니다.

저는 아침마다 일과 전에 운동합니다. 여기에는 산책도 포함되어 있는데요. 처음 20분 정도는 뛰고, 나중 20분 정도에는 걷습니다. 뛸 때는 생각이 떠오르지는 않습니다. 하지만 신기하게도 걷는 20분이 되면 글쓰기 좋은 생각들이 마구마구 떠오릅니다. 특히 산책이 끝날 무렵, 우리 집에 다가올수록 이 내용을 어서 쓰고 싶은 생각이 간절해지는 지경까지 옵니다. 이 상태를 경험하고 글을 쓰면, 쉽게 글이 작성됩니다. 지금 보고 계신 이 글도 똑같은 과정을 거쳐 작성되었죠.

저와 함께 블로그 대행사에서 일하고 있는 팀원들도 하나 같이 비슷한 경험을 했다고 합니다. 운동하고 오면 그렇게 글감이 잘 떠오른다고. 뜬구름 잡는 팁이 아니라 실용적인 전략이니 꼭 실천해 보세요.

전략 2. 평소에 좋은 인풋을 많이 하세요.

좋은 글을 쓰려면 창의력이 있어야 한다고 생각하실지도 모릅니다. 그런데, 그 창의력이 하늘에서 뚝 떨어진다고 생각하시는 건 아니죠? 창의력이야말로 다양한 인풋들이 있어야 만들어지는 능력입니다. 머릿속에 저장해두었던 어떤 내용들이 어느 순간 파파팍 이어지며 나만의 새로운 관점으로 정리되는 것이죠. 그래서 평소에 책도 읽으시고, 강의도 들어보시고, 다른 사람과 이야기도 나누시고, 이런저런 새로운 경험들도 해보세요.

특히, **사람들과 편하게 이야기하는 시간을 가져보세요.** 저는 필라테스 센터를 운영하고는 있지만, 그전까지 필라테스에 대해서 잘 아는 게 없었습니다. 와이프가 필라테스 강사였으니, 필라테스 관련된 사항은 와이프가 알아서 하면 될 거라는 안일한 생각도 했었습니다. 그런데 블로그 마케팅을 위해 글을 쓰려니 막막하더라고요. 그러다 와이프에게 '어쩌다 필라테스 강사를 하게 된 거야?'라는 질문을 하게 됩니다. 그리고 와이프가 왜 필라테스에 진심인지, 평소에 어떤 생각으로 센터에 출근하는지 알게 되었죠. 이 내용을 바탕으로 센터 블로그에 글을 썼습니다. 그랬더니 회원님들이 '원장님 블로그 글 보고 왔는데, 진정성이 느껴지더라고요'라는 피드백이 들어오기 시작했죠. 이를 계기로 한동안 저는 와이프와 단둘이 편하게 산책하면서 필라테스에 관한 이런

저런 이야기를 나눴습니다. 그 내용은 고스란히 글쓰기를 위한 인풋이 되었죠.

한편으로는 '필라테스에 대해 진심으로 알아봐야겠다'라는 생각도 하게 됩니다. 그래서 제가 운영하는 필라테스 센터에서 수업을 받기 시작합니다. 실제 회원님들이 수업받으시는 것처럼, 결제하고 회원권 등록하고 수업 시간을 조정하며 똑같이 수업을 들었죠. 수업이 진행될수록 제 몸이 좋아지는 것을 정말로 느꼈습니다. 이 경험 덕분에 제가 하고 있는 사업이 주는 가치에 대해 확신하게 되었죠. 당연히 이 이후로 블로그 글에 힘도 실렸죠.

이 외에도 책이나 유튜브 영상, 강의 등 다양한 곳에서 들어오는 인풋들은 받아드렸습니다. 심지어는 스우파 2를 보다가 출연진분들이 허리 다치는 모습을 보고서도 인풋이라고 생각했었죠. 이런 아이디어들을 머릿속에 잘 쌓아두면, 전략1에서 이야기한 생각하는 시간, 그러니까 제 경우에는 산책하는 시간에 서로 연결되면서 좋은 생각들이 만들어졌습니다.

전략 3. 딱 30분, 몰입해서 글을 쓰세요.

신기하게도 글쓰기 시간을 많이 할애한다고 해서 그에 비례하면서 글의 퀄리티가 좋아지지는 않습니다. 오히려 짧은 시간에 몰입해서 쓴 글들의 반응이 좋은 경우들이 많았어요. 오히려 다행일지도 몰라요. 블로그 글쓰기는 필연적으로 우선순위가 밀리기 쉬운 일이거든요. 본업 일을 하거나, 사업장의 급한 일들을 처리하다 보면, 어느새 블로그 글쓰기는 뒷전이 되어버립니다. 적은 시간에도 좋은 퀄리티를 낼 수 있으니 정말 다행이죠.

그래서 저는 어떻게 하냐면요. 스마트폰은 서랍장에 넣어두고, 30분이라는 제한 시간을 걸어두고 글을 쓰는 화면에만 집중합니다. 그리고 글을 쓸 때는 정말로 글 쓰는 행위에만 집중합니다. 글을 쓰다가 막히는 부분이 있어서 자료를 찾아봐야 할 때도, '자료 확인'이라는 표시만 남기고 일단 끝까지 씁니다. 심지어 키보드에서 마우스로 손을 옮기는 행위조차 최대한 하지 않으려고, 단축키들을 사용하죠.

글을 쓸 때 제가 모습은 아마 이럴 겁니다. 눈은 모니터를 응시하고, 쉴 새 없이 키보드에서 손가락이 오고 갑니다. 딱 30분 동안 집중해서 처음부터 끝까지 글자로 구성된 부분을 채워나갑니다. 그리고 본문이 완성되면 그다음에 필요한 사진들을 넣거나, 관련된 자료들을 찾아 확인해서 넣죠.

글쓰기를 너무 어려워하지 마시고 일단은 생각나는 대로 써보세요. 그리고 제가 언급해 드린 전략들을 조금씩 적용하시면서 한 단계 한 단계 성장하시면 됩니다. 저희 대행사 직원을 교육할 때나, 혹은 사업주님들 대상으로 코칭을 해드린 경험으로 감히 이야기해 보는데요. 한 달 정도 의식적인 연습을 하시면 글의 퀄리티는 확실히 좋아졌습니다. 생각보다 그렇게 긴 시간이 아니니, '생각나는 대로 쓰기'라는 기술을 꼭 얻어가셨으면 좋겠습니다.

그런데 이렇게 하면 발생하는 단점이 있는데요. 바로 오탈자와 비문이 생긴다는 점입니다. 이 문제는 어떻게 해결했는지는, 바로 다음 장에서 이어 설명해 보겠습니다.

글쓰기 후처리

생각나는 대로 글을 쓰다 보면 오타와 비문을 발견하게 됩니다. 여기에 아직 생각이 잘 정리되어 있지 않다면, 고객들이 글을 읽었을 때 '무슨 소리 하는 거야?'라는 수준의 글이 나올 수도 있습니다. 우리 사업장의 얼굴 같은 블로그 글인데, 이러면 안 되겠죠? 이 부분들을 관리하는 방법을 알려드릴게요.

1. 다른 상황에서 같은 글을 퇴고하세요.

일반적인 글쓰기에서도 퇴고를 강조합니다. 유명 작가들도 고치고 또 고쳤다고 그러죠. 이 퇴고 과정을 블로그 환경에 적합한 형식으로 알려드릴게요. 제가 실무에서 사용하고 있는 방법이기도 합니다.

우선, 글을 다 쓰고나서 잠깐 쉬는 시간을 가지는 것이 좋습니다. 화장실이라도 다녀오세요. 이렇게 시간적 여유를 가질 때, 글쓰기를 했던 때의 몰입에서 벗어나 한 발짝 물러서서 작성한 글을 볼 수 있는 여유를 가질 수 있게 됩니다.

여기에 한 가지 팁을 드리면, 다른 느낌의 화면으로 바꿔놓고 퇴고를 해보세요. 블로그를 PC에서 작성하는 경우 오른쪽 아래에 화면 폭을 조정할 수 있는 버튼이 있습니다. 저는 PC 화면으로 놓고 글을 작성한 다음, 모바일로 놓고 퇴고를 합니다. 글을 썼던 화면과 다른 화면으로 보면 글이 다르게 느껴지더라고요. 동시에

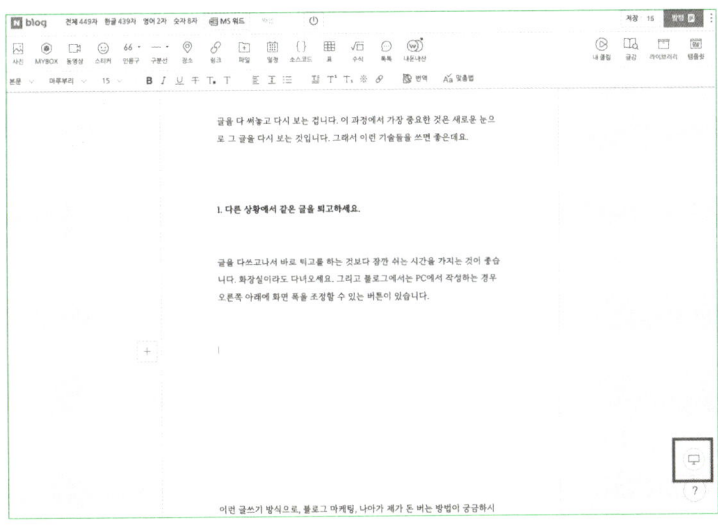

블로그 글쓰기 화면 우측 하단에서 탭으로 바꿀 수 있습니다.

모바일에서 이 글이 어떻게 보이는지도 챙길 수도 있고요. 이렇게 다른 환경에서 글을 보면, 기존에는 잘 보이지 않았던 오타나 비문들을 더 잘 확인할 수 있습니다.

2. 키워드가 적절하게 들어갔는지 확인합니다.

블로그에서는 키워드가 맥락에 맞게 적절하게 들어가 있어야, 해당 키워드에 글이 노출됩니다. 3~6번 정도, 제목에 한 번 그리고 본문에 나머지를 맥락에 맞게 반복해서 넣어줍니다. 이 외에 노출 관련 사항들을 다른 장에서 다시 다룰 건데요. 제대로 된 글을 작성했다면 키워드 추가가 가장 결정적 요인이라고 생각합니다.

글쓰기에 집중하다 보면, 이 키워드에 신경 쓸 겨를이 없을 때도 있습니다. 그래서 퇴고 작업 중에 작성 화면에서 'Ctrl + f'로 해당 키워드의 단어 찾기를 해봅니다. 이 기능은 블로그의 기능은 아니고, 웹브라우저에서 지원하는 '찾기' 기능입니다. 활성화되어 있는 창에서 찾고자 하는 단어가 몇 번 반복되고 있는지 확인할 수 있습니다. 이 기능으로 손쉽게 키워드가 몇 번 들어갔는지 확인할 수 있습니다. 3~6번보다 적게 들어갔으면, 퇴고 단계에서 추가해 줍니다. 그리고 과하게 들어갔을 때는 삭제를 해주는 것도 필요합니다.

3. 맞춤법 기능을 꼭 활용하세요.

네이버 블로그에서는 '맞춤법' 기능이 있습니다. 만족스럽지는 않지만, 없는 것보다는 좋습니다. 퇴고할 때는 이것도 한 번 돌려주세요. 수정해야 할 표현들이 있다면 수정해 줍니다. 고백하자면 저도 맞춤법에는 자신이 없습니다. 하지만, 중요하다고 생각하는 사람들도 종종 있으니, 신경은 써주세요.

혹시 내가 습관적으로 자주 틀리는 표현이 있다면, 인터넷에서 검색해서 학습도 해주세요. 중고등학교 때 영어 단어 공부하는 느낌과 비슷할 텐데요. 한 번 공부를 해두고 나면 그다음부터는 틀리는 빈도가 줄어들 겁니다.

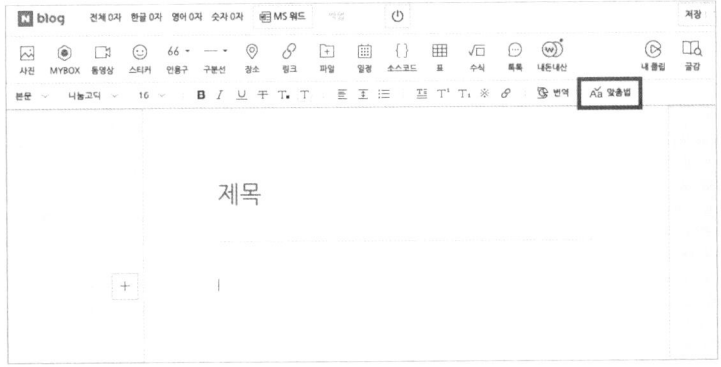

4. 글을 전체적으로 읽으면서 수정해 주세요.

앞서서 1, 2, 3을 실행하는데 3분이 채 걸리지 않을 겁니다. 이제는 전체적으로 읽으며 수정해볼게요. 이런 부분들을 확인해 주세요.

> 1) 초반부에 사람들의 관심을 끌 만한 요소들이 있는가?
> 2) 글에 들어간 표현이나 내용을 내 고객들이 이해할 수 있을까?
> 3) 이 분야에 대해서 잘 아는 사람들이 봤을 때 '틀렸다'라고 지적당할 수 있는 내용이 있는가?
> 4) 글과 사진들이 조화를 이루고 있는가?
> 5) 글이 너무 지루하지는 않은가? 혹은 너무 빨리 끝나지는 않는가?

가능하다면 이런 요소들을 체크리스트로 만들어서 퇴고할 때마다 체크해 주시면 좋습니다. 처음에 한두 번은 시간이 오래 걸릴 텐데요, 익숙해지면 꽤 빠르게 수행할 수 있습니다. 그런데, 이마저도 어려우신 분들을 위한 팁을 알려드리겠습니다.

> **소리 내면서 읽어보세요**

글을 눈으로만 읽지 마시고 소리 내어 읽어보세요. 매끄럽게 연결되는 문장은 넘어가고, 뭔가 걸리는 부분이 있다면 매끄럽게 넘어갈 수 있도록 수정해 주세요. 이렇게 수정하면 한결 좋은 글이 나오게 됩니다. 저는 여전히 좋은 생각이 좋은 글을 만든다고 생각합니다. 그런데 같은 생각을 가지고 글을 쓰더라도, 퇴고를 진행하면 더 좋아질 수 있습니다.

지금까지 잘 따라오셨다면, '그래 글 쓰는 방법은 잘 알겠어'라는 생각과 동시에 '어? 그런데 무슨 내용을 어떻게 쓰면 되는 거야?'라는 생각이 드실 겁니다. 다음 장에서 글감을 수집하는 방법도 알려드리고, 어떻게 쓰는지는 실전 부분에서 확실하게 알려드릴게요.

글감을 모으는 방법

블로그 마케팅을 하다 보면 글감이 떨어지는 문제를 겪게됩니다. 제가 블로그 마케팅으로 여러 사장님을 도와드렸었는데요, '좀 쓰다 보니 어떤 글을 써야 할지 모르겠어요,' 혹은 '글감을 어떻게 찾으세요'라는 이야기를 많이 들었습니다. 이럴 때마다 저는 자신감 있는 얼굴로 대답하죠.

> **여러분들의 고객의 수 만큼 있습니다.**

사실 글감이 떨어지는 문제는 저도 겪었던 문제입니다. 블로그 마케팅을 처음 할 때, 제가 운영하는 필라테스 센터 글을 몇 개 쓰니 금세 다음에는 뭘 써야 할까? 라는 고민이 들었습니다. 그러다 의외의 곳에서 해결 방법을 찾게 됩니다.

그냥 평범한 날이었고, 와이프(원장님)와 점심을 먹고 있을 때였습니다. 와이프가 센터에서 일어났던 이런저런 이야기를 하더라고요. 사실 이런 이야기를 하는 것이 처음도 아니었습니다. 센터를 인수하고 줄곧 이런 상태였죠. 그런데 이때 이 이야기들이 새롭게 들리기 시작했습니다. 아래 사례와 같은 이야기들이었어요.

사례 1

오늘 센터에 새롭게 등록하신 회원님이 있었어. 이야기를 나눠보니 우리 동네 옆 동네에서 왔다네? 우리 옆에 OOO 필라테스 센터를 다니긴 했었는데, 자기는 6시에만 시간이 나는데, 나중에 시간표가 바뀌면서 그만두게 됐다고 하시더라고. 그런데 필라테스는 계속하고 싶어서 알아봤고, 우리 센터 시간표가 맞아서 등록한 거래.

사례 2

재등록한 회원님 상담을 했는데… 처음에 못 알아보고 한 참 '누구지?'라는 생각했어. 알고 보니 OOO 선생님 담당이고, 저녁 늦게 나오는 1:1 회원님이셨는데… 그 사이에 살이 엄청나게 빠져서 못 알아본 거였어. 우리가 주는 식단 일지 있잖아? 그것도 꾸준히 작성하셨더라고. 곧 결혼하시는데 그때 예쁜 모습으로 임하고 싶어서 노력하셨더라고.

사례 3

세 살 아가가 센터에 왔어. 엄마가 00선생님에게 오전에 1:1 수업을 받는데, 어린이집 방학이라서 맡길 곳도 없어서 데려왔나봐. 000선생님이 수업하고, 나도 같이 들어가서 애랑 같이 놀아주면서 수업했어. 애도 참 귀엽더라.

편하게 나누는 이야기들이었지만, 제 머릿속은 빠르게 회전하기 시작했습니다. '어라? 이런 이야기들을 블로그에 쓸 수 있지 않을까?'라는 생각이 들었죠. 글감 부족이라는 문제를 이런 센터에서 일어나는 일들에 대해서 뽑아낼 수 있을 것 같았습니다.

이후로 센터에서 일어나는 이야기 중에 회원님들이 정보를 얻을 수 있거나, 공감을 할 만한 이야기들을 추려서 글을 쓰기 시작합니다. 필라테스 센터를 운영하시는 분들이라면, 이런 이야기들은 얼마든지 얻으실 수 있을 겁니다. 좋은 일들이고, 이야기를 할 만한 거리들은 되지만, 희귀한 사건들은 아니거든요.

그렇게 글을 쓰다 보니 앞서 강조한 고객 관점에서 글쓰기가 한결 쉬웠습니다. 게다가 쓰는 글의 성과도 좋았습니다. 한 회원님의 글을 쓰면, 그 회원님과 비슷한 배경을 가진 회원님들이 한두 분은 더 오셨거든요.

위 사례들에서도 '특정 시간에만 수업이 가능한 회원님,' '결혼 앞두고 다이어트를 하고 싶으신 회원님,' '출산 후 몸 관리가 필요한 회원님'이라는 비슷한 배경을 가지신 분들이 새롭게 우리 센터를 찾아주셨어요. 이런 글들이 중요한 것을 깨닫자, 아예 필라테스 센터의 운영 방식에도 추가를 합니다. 이후로는 와이프가 상담하든, 상담하는 직원분이 상담하든, 결제하면 그 사람에 대해서 반드시 단 한 줄이라도 저에게 카톡으로 보내놓으라고 했죠.

어떤 사람이 결제했고, 어떤 어려운 점들이 있었으며, 필라테스에 기대하는 것이 무엇인지에 관한 내용으로요. 이후로는 글감으로 고민하는 일은 없어졌습니다. 정말 단 한 줄이라도 있으면 어떻게든 글을 써낼 수 있었거든요. 같은 필라테스를 찾아오시지만, 정말로 똑같은 사례는 없었거든요.

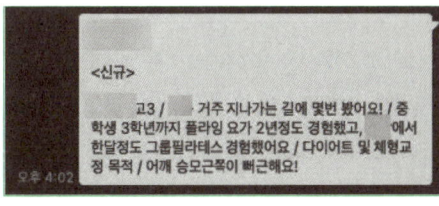

회원 상담 카톡 예시

이런 사례들이 쌓여가자, 고객들이 우리 센터를 어떻게 생각하는지 알게 되었어요. 고객 관점에서 봤을 때의 '우리 센터의 강점'을 알 수 있게 된 것이었습니다. 우리 사업장을 홍보하는 글을 처음에 쓰면, 어디선가 한 번쯤 들어본 듯한 미사여구가 들어간 글을 쓰게 됩니다. 저렴한 가격, 멋진 인테리어, 전문적인 강사진, 등등. 진심으로 우리 사업장의 강점이 우러나오는 단어가 아니라 다른 센터들의 홍보 문구 중에 우리 사업장에 해당하는 그런 단어들로 글을 쓰시게 될 겁니다. 고객 관점에서 강점이 아니라 순전히 사업주의 관점에서 강점을 이야기하는 것이죠.

그런데, **고객들의 이야기로 글을 계속 쓰다 보니, 진심으로 우러나오는 강점들을 발견하게 됩니다.** 어떤 고객들이 우리 센터를 이용하고, 어떤 부분 덕분에 결제하고, 만족하며 다니시는지 알게 되었습니다. 이런 강점들이 발견되면, 저는 이것들을 모아 '사업주 소개글' 또는 '사업장 소개글' 같은 글을 업데이트했죠.

이 장에서 언급된 글쓰기 유형들은 이 책의 나중에 더 구체적인 방식으로, 템플릿 형태로도 알려드릴 예정입니다. 일단 지금은 **'고객들의 이야기를 수집해서 글감으로 활용하자'를 진심으로 이해하고, 실행해 주셨으면 좋겠습니다.** 찾아오는 고객분들의 이야기를 아래 내용들을 기반으로 꾸준히 기록해 보세요. 이 이야기들이 돈이 됩니다.

1) 이 고객은 이런저런 사람이었고,

2) 이런 이유로 우리 사업장을 찾아왔으며,

3) 우리 사업장은 이런 부분들을 해결해 줄 수 있다.

4) 앞으로 이러저러한 점이 기대된다.

이제 글쓰기 관련 기초내용은 어느 정도 마무리된 것 같은데요. 본격적인 글쓰기에 앞서서 '블로그' 글쓰기는 꼭 알아둬야 하는 내용들이 있습니다. 바로 키워드에 관한 내용입니다.

키워드의 세 가지 의미
- 1. 잠재 고객들이 검색하는 단어

'키워드를 이해하지 못하면
우리가 쓴 글이 노출되지 않습니다.'

지금까지는 글쓰기에 관한 이야기만 했습니다. 그리고 블로그 마케팅 실력과 경험이 쌓이더라도, 글쓰기 실력은 중요합니다. 하지만, 이제 블로그를 처음 시작하시는 분들이 꼭 알아야 하는 개념이 있습니다.

바로 키워드, 블로그에 내 이야기를 기록하는 목적이라면 키워드를 몰라도 됩니다. 하지만 사업장을 마케팅하는 목적이라면, 이 개념에 대해서는 충분히 이해하고 전략적으로 접근할 수 있어야 합니다. 왜냐하면 키워드를 사용하지 않으면, 내가 공들여 써 놓은 글이 잠재 고객들에게 노출이 되지 않을 수도 있거든요.

이 문제는 심각하게 생각해야 합니다. 신규 고객을 유치하고

자 시작한 블로그인데, '블로그에 글을 쓰고 있으니 어떻게든 되겠지'라는 생각하고 계시면 안 됩니다. 이렇게 강조하는 이유는, 정말로 이런 분들이 많이 계시기 때문입니다. 소중한 시간을 쓰면서 효과가 없다면 꾸준히 할 수 있는 동기도 약해집니다. 그래서 꼭 이 키워드에 대한 개념은 꽉 잡고 가셨으면 좋겠습니다.

저는 키워드에는 세 가지 의미가 있다고 생각합니다. 하나씩 정리해 보면요.

1) 잠재 고객들이 검색하는 단어
2) 잠재 고객들이 모여 있는 곳
3) 잠재 고객들의 관심 정도

먼저 잠재 고객들이 검색하는 단어부터 집중적으로 다뤄볼게요. 가장 기본적인 키워드의 뜻에 관해 이야기할 겁니다.

지금 한 번 상상해 보세요. 여러분들의 사업장을 찾기 위해, 사람들은 어떤 단어를 사용할까요? 제가 부천에 살고 있는데요, 옥길이라는 지역이 있습니다. (제가 이 동네에 살지 않습니다. 사례를 들기 위한 지역명입니다) 만약에 이 동네에서 다닐만한 필라테스를 찾는다고 하면? 저는 부천도 아니고, 옥길 필라테스 이렇게 검색할 것

같거든요. 그런데 조금만 더 생각해 보면 다른 단어들도 충분히 가능하죠. 쭉 나열해 보면요.

    옥길 필라테스

    옥길동 필라테스

    옥길 남자 필라테스

    옥길 1:1 필라테스

    옥길 30대 필라테스

    … 등등

다 같은 뜻을 포함하고 있지만, 단어들이 조금씩 다릅니다. '아' 다르고 '어' 다른 정도의 차이이지만, 블로그 세계에서는 꽤 중요한 차이입니다. 그런데, 이 단어들에서 패턴이 보이시나요?

'지역명 + 필라테스'

 '지역명 + 세부 속성 + 필라테스'

이 두 가지 패턴이 있죠. 세부 속성에 남자, 1:1, 30대 같은 단어들이 들어갔습니다. 이 자리에는 임산부, 산전 산후, 자세 교정 등 상당히 많은 단어가 들어갈 수 있죠. 이 패턴이 눈에 들어오셨다면 키워드는 거의 무궁무진해집니다. 변수마다 들어가는 단어가 하나만 추가되어도 그에 해당하는 키워드가 확장되니까요.

이 상태에서 이 단어들이 키워드로서 역할하고 있는지 한 번 확인해 볼 필요가 있습니다. 어떻게 하냐면, 이 단어들을 실제로 네이버 검색에 넣고 검색 결과를 살펴보세요. 일반적인 네이버의 검색 결과는 아래와 같습니다.

검색하자마자 네이버 키워드 광고 영역이 나오고, 네이버 플레이스, 그리고 블로그 글이 나오는 영역이 나오죠. 하지만, 키워드에 따라 이 영역의 위치들도 다르고, 그 안에 들어가 있는 내용들도 달라질 거예요. 검색 결과를 봤을

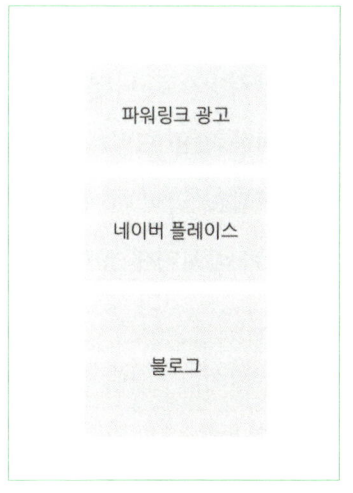

때, 영역의 위치와 내용이 동일한 키워드가 있다면? 그 키워드는 둘 중의 하나만 써도 되는 키워드입니다. 반면에 **영역의 위치와 내용이 다르게 나온다면? 그 키워드는 별개의 키워드로, 개별적으로 관리해 주는 것이 맞습니다.**

지금까지의 내용을 정리해 볼게요. 키워드의 일차적 의미는 '잠재 고객들이 우리 사업장을 찾기 위해 검색하는 단어'입니다. 그리고 잠재 고객들은 무수히 많은 단어로 우리 사업장을 검색할 수 있어요. 다행인 것은 사람들의 언어 습관은 어느 정도 패턴이 있어, 이 패턴으로 우리도 쉽게 역추적할 수 있다는 것이죠. 그리고 이 패턴으로 만들어진 단어들을 실제로 검색해 보며, 검색 결과를 보며 개별적으로 관리해야 하는 키워드인지 아닌지를 판단할 수 있다고 이야기해 드렸어요.

여기서 한 가지 꿀팁도 공개하겠습니다. 제가 위 키워드들은 그냥 '생각만으로' 나열했죠? 이런 단어들을 떠올리기 어려운 분들을 위한 팁을 드릴게요. 아마 네이버 블로그를 지금도 가지고 계실 거예요. 글이 아예 하나도 없는 경우는 많지 않으실 거예요. 블로그가 마케팅에 효과가 있다고 해서 이리저리 해보셨을 거라 말이죠.

이 상황이라면, [내 블로그 통계]에 들어가셔서 [유입분석], 그리고 [검색유입]을 확인해 주세요. 그리고 아래 화면과 같이 '내 블로그에 사람들이 어떤 키워드를 검색해서 들어왔는지' 확인할 수 있어요. '내 블로그에 사람들이 어떤 키워드를 검색해서 들어왔는지'에 대한 내용을 보여주니까, 이것들을 패턴화 시켜보세요. 그러면서 각 패턴에 맞게 단어들을 추가하면서 경우의 수를 따져보는 거예요.

'이런 방식이면 키워드가 엄청 많겠네? 이거 일일이 글을 다 써야 하는 거야?'라는 생각이 드실 것 같습니다. 그렇다면 제 의도대로 잘 따라와 주고 계신 거예요.

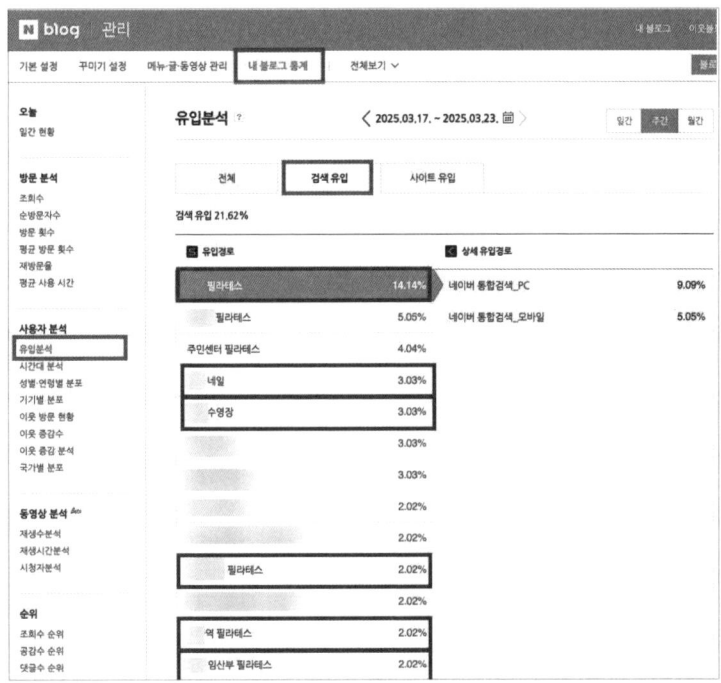

우선 결론부터 이야기해 드립니다. 모든 키워드에 글을 쓸 필요는 없습니다. 문의하는 중요한 키워드를 찾기 위해서 시도하고 실패하는 과정은 있을 수 있습니다만, 문의하는 키워드 중심으로 작성하면 됩니다. 파레토 법칙이라고… 80의 성과를 내는 20의 중요한 키워드부터 써가면 돼요.

이 중요한 키워드 글 노출을 노려보세요. 한 번에 되면 좋겠지만 블로그가 크기 전까지 시간이 걸리는 경우가 대부분일 겁니다. 그러면 그 사이에는 나머지 키워드를 써나가면서 차근차근 블로그를 육성해 주세요. 이렇게 번갈아 가면서 최대한 많은 키워드에 우리가 쓰는 글들을 전략적으로 노출해 줍니다.

키워드의 세 가지 의미
- 2. 잠재 고객들이 모여 있는 곳

'키워드에 대한 새로운 관점을 제시해 드립니다.'

키워드는 '잠재 고객이 네이버에 검색하는 단어'라고 이야기해 드렸습니다. 이 정도면 충분한 설명이기도 합니다. 하지만, 제가 블로그 마케팅과 사업을 하면서 깨달은 것이 하나 있는데요. "사업이 커지려면 우리 사업장에 '관심 없는' 사람들도 데려와야 하는구나."라는 사실입니다. 이게 무슨 말인지 조금 더 설명해 보겠습니다.

사실 우리 사업장을 찾아오는 키워드 중에 명백한 것들이 있습니다. 필라테스라고 가정하면 '지역명 + 필라테스'가 그렇습니다. 이 정도는 조금만 생각해 보면 알 수 있기에⋯ 블로그를 시작하시는 원장님들은 이 키워드만 가지고 글을 계속해서 발행하십니다. 그런데 이렇게 하면 두 가지 문제점이 발생합니다.

문제점 1.

글이 쌓여도 노출 수준이 올라가지 않습니다. 네이버 검색에서는 한 블로그에서 같은 키워드로 글을 쓴 경우, 노출 결과에서 글을 포개서 보여주는 경우가 있습니다. 검색량이 꽤 나오는 키워드에서는 이렇게 처리해서 사용자들에게 보여주죠. 사용자가 볼 때는 하나의 글을 보는 것과 비슷하게 됩니다. 아래는 '지역 + 필라테스'라는 키워드로 검색했을 때 나오는 내용입니다. 빨간색 포스팅의 아래에 보면 또 다른 포스팅의 제목이 보이시죠? 이게 포개진 글입니다. 다수의 글을 쓰더라도 한 키워드를 점령할 수 없는 거죠.

어떤 경우에는 새로운 글을 노출해 주고, 기존의 글들은 검색 결과의 후 순위로 밀어내는 경우도 있었습니다. 역시나 검색하는 고객 입장에서는 하나 이상의 포스팅으로 인식하기 어렵죠.

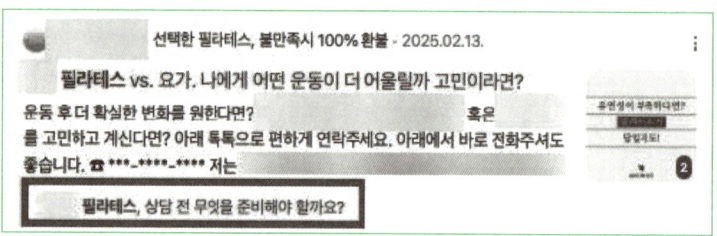

문제점 2.

잠재 고객의 범위가 확장되지 않습니다. 한 키워드에서만 글을 쓰게 되면? 당연히 그 키워드를 검색하는 사람만 우리 사업장을 찾아오겠죠? 그러면 문의하는 양이 그 키워드에만 한정되는 것입니다. 어떻게 보면, 주요 키워드에 글을 노출하는 것은 당연한 일입니다. 당연한 일을 마친 뒤에 성장을 위한 다른 전략이 필요한 것이죠.

그래서 어떻게 하자는 것일까요? 결론부터 이야기해 드립니다. 필라테스 센터를 운영한다면, 다른 운동 업종의 키워드도 사용할 생각을 하셔야 합니다.

- **필라테스 센터에서 '요가' 키워드를 사용할 수 있습니다.**
- **반대로, 요가 센터에서 '필라테스' 키워드를 사용할 수도 있고요.**
- **필라테스 센터에서 'PT' '헬스장' 같은 웨이트 트레이닝 키워드도 사용할 수 있습니다.**

왜 이런 일이 가능할까요? 필라테스는 이용하는 고객분들의 머릿속에서 '생활 체육'으로 묶여서 함께 고려되기 때문입니다. 필라테스 센터를 마케팅 한다고 하면, 일차적으로는 지역 + 필라테스 키워드들에 노출시키는 것이 맞습니다. 그리고 난 다음 이차적으로는 지역 + 다른 운동 키워드들을 사용해서 잠재 고객의 크기를 확장할 수 있습니다.

운동을 알아보는 고객님의 관점에서 이해해 보면 더 쉬울지도 모릅니다. 검색을 시작할 때는 요가를 알아보려고 하셨겠죠. 그런데 마음 한편에는 '이게 나에게 맞을까?'라는 생각을 하실지도 모릅니다. 그런 상황에서(요가 키워드로) 검색한 결과에서 필라테스 포스팅을 보게 된다면 어떻게 될까요? 그 순간 마음 한편에 있던 의심이 '알아봐야 하나?'로 바뀌게 될 겁니다. 그리고, 이렇게 마음을 뺏은 필라테스 센터에 연락할 확률이 높죠. 분명히 이 회원님은 처음에는 필라테스에 관심이 없으셨습니다. 요가를 알아보다 우연히 필라테스를 찾게 만든 것이죠. 서두에 이야기해 드렸던 '관심 없는 사람들을 데려와야 한다'라는 뜻은 바로 이것이었습니다.

키워드에 대해 여기까지 이해하셨다면, 키워드를 단순히 '사람들이 검색하는 단어'라고 생각하기보다는 '우리의 잠재 고객들이 있는 곳' 정도로 이해하는 것도 좋습니다. 낚시할 때 물고기가 있는 곳에 낚싯대를 놓아야 하잖아요? 비슷하게 키워드를 잠재 고객들이 있는 곳으로 생각하는 겁니다. 그러면 상당히 다양한 키워드를 사용할 수 있다는 것을 아시게 될 거예요.

이 장을 마치기 전에 다른 사업장 키워드를 쓸 때 주의해야 하는 포인트 2가지를 짚어 드릴게요.

첫 번째, 글을 쓸 때 초반부에는 키워드로 사용한 다른 사업의 내용을 적절히 사용해 주세요. 저는 아래와 같은 내용으로 처리하고 있습니다.

> **[예시]**
>
> ('부천 PT'라는 키워드에 필라테스 사업장을 위한 블로그 글을 쓴다고 했을 때)
>
> 부천 PT 센터를 찾고 계신가요? 반갑습니다. 부천에는 좋은 PT 센터가 꽤 있습니다. 만약 웨이트 트레이닝 기반의 PT 센터를 고집하신다면, 이 글은 여러분에게 적당한 글은 아닙니다. 오히려 몸에 통증이 있거나, 적당한 체력 향상을 위한 운동을 찾고 계신 분들이 읽어주셨으면 좋겠어요.
>
> 물론 PT도 좋은 운동이지만, 이런 목적이라면 필라테스가 여러분에게 더 적합할지도 모르거든요.
>
> (...)

네이버에서는 사용자의 의도에 맞는 검색 결과가 나오길 바랍니다. 그래서 부천 PT 센터를 찾으면 진짜 PT 센터 이야기가 나와야 하는데, 우리는 필라테스 이야기를 하고 있으니까, 네이버의 의도와는 다른 방식으로 사용하고 있는 것이죠. 그래서 어느 정도는 네이버와 타협해(?) 타 운동(키워드로 사용한 생활 체육)에 대한 약간의 정보들을 주고, 우리가 하려는 '필라테스'에 대한 이야기로 자연스럽게 전환시키는 것입니다.

두 번째로 주의하실 점은(그러시지는 않으시겠지만…) **키워드로 사용한 종목을 평가절하하는 표현을 사용해서는 안 됩니다.** 글 하나에 두 개의 생활 체육이 나오기에 자연스럽게 비교하는 내용이 들어갈 수 있을 거예요. 하지만, '00보다 필라테스가 더 좋다'라는 식의 표현은 부적절하다고 생각합니다.

경쟁이 치열한 지역에서는 이런 표현 때문에 '글을 내려달라'라고 요청이 올 수도 있고, 심한 갈등의 원인이 될지도 몰라요. 그래서 키워드로 사용한 사업들을 충분히 존중하면서 글을 써주세요.

키워드를 우리 사업장을 찾는 사람들이 모이는 곳 정도로 생각해 보세요. 그러면 상당히 다양한 범위로 확장할 수 있다는 것을 아시게 될 거예요. 이런 키워드에 우리 글을 많이 노출할수록 그만큼 문의 연락을 받을 확률이 늘어나게 됩니다. 그렇게 우리 사업장은 성장하게 됩니다.

키워드의 세 가지 의미
- 3. 잠재 고객들의 관심 정도

'여기까지 디테일을 챙길 수 있습니다.'

바로 직전에서 사업이 커지려면 우리 사업장에 '관심 없는' 사람들까지 데려와야 한다고 이야기해 드렸습니다. 그런데 이 전략을 과도하게 생각하다 보면 글을 쓸 때 동문서답을 하게 됩니다. 동문서답이라니. 무슨 말일까요?

우리의 잠재 고객들은 원하는 것이 있어서 네이버를 열고 특정 단어들을 검색합니다. 이것을 키워드라고 설명해 드렸죠. 이 단어들을 검색할 때는 '검색 의도'가 반영되기 마련입니다. 예를 들면 '옥길 필라테스'라는 키워드에는 '옥길에서 필라테스 배울 곳을 찾고 싶은데…' 라는 의도가 깔린 거라고 볼 수 있습니다. 여기까지는 직관적으로 이해하기 쉬우실 거예요.

문제는 노출에 집중하다 보니 종종 키워드에 들어있는 검색 의도를 잊어버리게 됩니다. 단순히 키워드를 '내 글을 노출해야 할 곳' 정도로 생각해 버리죠. 필라테스 센터에서 사업 확장을 위해 요가나 PT 등 생활 체육 관련 키워드를 사용할 수 있다고 이야기해 드렸습니다. 이때 글의 초반부에는 조금이라도 해당 업종의 정보를 주는 게 좋다고 언급 드렸어요. '옥길 헬스'를 검색하는 사람들의 의도는 어디까지나 '옥길에서 헬스장을 찾고 싶어'라는 생각입니다. 이 의도에서 곁다리로 우리를 어필하는 것일 뿐이거든요.

다르게 설명해 볼게요. '옥길 헬스장'이라는 키워드로 글을 쓰는데, 헬스장에 관한 이야기는 하나도 없고 내가 운영하는 필라테스 이야기만 한다면? 그게 바로 동문서답이죠. **이 내용을 조금 더 확장해 생각해 보면, 키워드에 따른 관심도 차이에 따라 어느 정도 글감이 정해진다는 것인데요.** 우리가 옥길에서 필라테스를 운영한다는 가정하에 예를 들어 설명해 볼게요.

사례 1) 키워드 '옥길 필라테스'

옥길 필라테스 중에 내가 운영하는 사업장이 어떤 점이 특별한지, 어떻게 운영되고 있는지, 등에 대한 글을 다룰 수 있습니다. 이 검색어로 검색될 다른 글들(경쟁 사업장이 쓴 글)보다 우리 사업장이 더 돋보일 수 있는 내용을 쓰는 거죠. 그렇다고 다른 사업장을 깎아내리는 글은 지양해 주세요.

사례 2) 키워드 '옥길 운동'

이 경우에는 옥길에서 할 수 있는 운동들 소개가 좋습니다. 이 경우에는 '꼭 어떤 운동을 다녀야겠다'라는 의도보다는 '어떤 운동을 할 수 있을까?'를 알아보려는 의도가 더 강할 겁니다. 이 글에서는 바로 '필라테스가 좋습니다'라고 강조하는 것보다는 오히려 필라테스를 포함해서 주변에서 할 수 있는 운동의 리스트를 제공하는 게 읽는 사람에게 더 도움이 될 겁니다. 어떠신가요? 확실히 다른 글을 써야 할 것 같지 않나요? 여기에 한 가지 포인트를 더 얹어봅니다.

마케팅에서 종종 쓰는 용어이기도 한데요, 뜨거운 소비자와 차가운 소비자에 관한 이야기입니다. 뜨거운 소비자는 언제든 내 상품을 결제할 마음가짐이 되어 있는 사람들입니다. 반대로 차가운 소비자들은 내 상품의 필요성조차 인지하지 못하는 사람들이죠. 모든 소비자는 이 양극단의 어느 위치에 존재하게 됩니다.

저는 이 온도가 키워드에도 반영된다고 생각해요. 위에 사례 1과 사례 2의 키워드로 본다면요? 필라테스 센터를 운영하는 입장에서 '옥길 필라테스'가 상대적으로 더 뜨거운 상태의 고객들입니다. 필라테스가 좋다는 것을 알고 있고, 본격적으로 필라테스를 알아보는 단계의 고객분들이죠. 몸이 아프거나, 체력을 키우거나, 혹은 체중 감량 등 자신의 구체적인 문제를 해결하기 위해 검색을 하시는 분들일 가능성이 높습니다. 그래서 글을 쓸 때도 '우리 센터가 여러분들의 문제를 해결해 줄 수 있습니다'라는 내용으로 쓰는 것이죠.

한편, 필라테스를 운영하는 입장에서 '옥길 운동'의 경우, 여러 운동 중 하나를 알아보는 의도가 강하기 때문에, 상대적으로 차가운 고객들이 검색한다고 볼 수 있습니다. '필라테스는? 하면 좋지, 뭐'라는 정도의 느낌으로 검색하고 있을 겁니다. 이런 분들에게 '우리 필라테스 센터가 좋습니다.'라고 이야기하는 건 동문서답입니다. 오히려 '여러 운동 중에 필라테스해야 하는 이유'에 대해서 충분히 설명하는 게 더 설득력 있죠.

키워드에는 검색자의 의도가 따라붙어 있습니다. 그 의도를 파악해서 글감과 내용을 맞춤형으로 작성해 보세요. 이렇게 했을 때 검색하는 사람들은 자신이 얻고자 하는 정보를 얻었다고 생각하고, 우리 사업장을 신뢰하게 될 거예요. 솔직히 이야기해서, 저도 매번 이 정도의 디테일을 챙기지는 못합니다. 하지만 중요한 키워드라고 판단 된다면, 한 번쯤은 이 정도의 노력을 부어서 글을 만들어보세요. 블로그에서 '진정성'이 느껴진다는 고객분들의 말을 들으실 수 있을 거예요.

키워드 관리 시스템

'키워드는 관리의 영역입니다.'

키워드를 바라보는 세 가지 관점에 대해서 충분히 설명해 드렸습니다. 이 세 가지 관점을 통해서 키워드를 어떻게 찾고, 어떻게 활용하는지 감을 잡으셨으리라고 생각합니다. 이제는 조금 더 실전적인 내용을 알려드리겠습니다. 바로 키워드를 관리하는 방법입니다.

특정 키워드에 우리 글을 노출하려면 어떻게 하면 될까요? '상위 노출하는 방법'이라고 많이 부르는 내용이긴 한데요. 제 경험상 블로그 지수가 충분하다는 전제하에, 해당 키워드를 제목에 1번, 본문에 3~5번 정도 자연스럽게 반복하면 해당 글이 노출되는 확률이 높았습니다.

　상위 노출 전략이라고 하면 이외에도 사진을 몇 장 넣어라, 글을 몇 자 이상 써라, 인용문을 써라 등등 상당히 많이 있는데요. 이 내용들은 그때마다 달라지기도 하고, 이런 전략들을 그대로 적용하더라도 노출되지 않는 상황도 있었습니다. 이런 전략들을 모두 배우고 실행하면 좋겠지만, 저는 사업주가 이런 내용까지 일일이 공부하고, 테스트해 가며 블로그 글을 쓰는 건 어렵다고 생각합니다. 차라리 이 시간에 키워드를 자연스럽게 넣은 글을 하나라도 더 써보는 게 유익하다고 생각해요. 그리고, 이런 키워드들에 대해 노출 관리를 하는 것이 좋다고 생각합니다.

　파레토 법칙 아시나요? 이탈리아의 경제학자 빌프레도 파레토가 유래한 개념으로, 전체 결과의 80%가 전체 원인의 20%에서 발생한다는 법칙입니다. 원래는 '부의 배분' 문제를 살펴보다가 나온 법칙인데, 요즘에는 이 분야 저 분야에 모두 적용하여 사람들이 설명하고 있죠. 저도 이 파레토 법칙의 개념을 인용해 봅니다. 키워드 세계에서도 적용되거든요.

　중요한 키워드는 몇 개 안 되지만(20이라고 할게요), 다른 키워드 대비 많은 문의량을 만들어냅니다(80 정도로요). 그리고 나머지 80의 키워드에서 20의 문의량이 만들어집니다. 즉, 우리 사업장에

분류	설명	검색량	예시	모니터링 주기
1군	우리 사업에 가장 중요한 키워드	높음	옥길 필라테스, 옥길동 필라테스	매일
2군	고객 확장에 유익한 키워드	중간	항동 필라테스, 옥길 헬스, 옥길 운동	종종
3군	있으면 좋은 키워드	낮음	옥길 네일, 옥길 피부관리	가끔

정말로 중요한 키워드와 상대적으로 우선순위가 낮은 키워드들을 분리해서 관리할 필요가 있습니다.

이렇게 중요도에 따라 키워드를 1군, 2군, 3군으로 나눴는데요. 같은 필라테스 센터라도 지역의 특성에 따라, 혹은 사업장의 특성에 따라 자유롭게 분류하시면 될 겁니다. 분류가 핵심이 아니거든요. 오히려 키워드에 따른 중요도를 부여하고, **그 중요도에 따라 키워드를 정기적으로 검색해서, 우리 사업장 글이 노출되고 있는지를 확인하는 것이 핵심입니다.** 여러분들의 사업장과 관련된 키워드들도 이 분류 작업을 진행하고, 꾸준히 모니터링해주세요.

키워드에 대한 설명은 여기까지입니다. 다음 장부터는 본격적으로 블로그를 관리하고, 글을 써보도록 하겠습니다. 반드시 실행에 옮겨보세요. 사업에 도움이 되실 겁니다.

3장

실전 블로그 마케팅

준비 1. 블로그 세팅
- PC

　이제 본격적인 시작입니다. 그리고 여러분들 중에 블로그를 처음 시작하시는 분들은 화면에서 아마 텅 비어 있는 블로그를 보고 계실 것 같습니다. 글을 쓰기 전부터 어떻게 꾸며야 할지 생각하고 계실지도 모르겠어요. 또, 어떤 분들은 '홈페이지형 블로그'라는 단어를 들어보셨을 수도 있을 것 같습니다. 뭔가 홈페이지처럼 이미지가 도드라지는 블로그를 말하는데요, html 코드를 덧붙여 이미지와 함께 만드는 블로그입니다. 이런 블로그들이 겉보기에는 '있어 보이는' 느낌이 들거든요.

　그런데, 이렇게 블로그를 꾸미는 것과 사업장에서 필요한 '문의량'을 늘리는 데는 크게 연관성이 없습니다. 최소한만 하면 되죠. 이번 장에서는 이런 블로그 세팅을 같이 해보도록 합니다.

블로그 세팅의 3 원칙

이 글에서는 이 최소한의 기준을 이야기해 드리고, 최소한의 설정 방법들을 알려드리겠습니다. 블로그 어디에 어떤 메뉴가 있는지 알고 계신다면 몇 번의 클릭만으로도 끝날 수 있는 일입니다. 하지만 아직 블로그에 어떤 메뉴들이 있는지 모르신다면, 이번 기회에 블로그 메뉴들을 하나씩 눌러보면서, 어떤 기능들이 있는지 살펴보시는 것도 좋습니다. 아무튼 제가 제안해 드리는 세 가지 원칙은 아래와 같습니다.

1. 가독성 "쉽게 읽혀야 한다."
2. 일관성 "여기가 거기인가? 싶어야 한다."
3. 접근성 "중요한 글을 쉽게 찾을 수 있어야 한다."

이 원칙들은 블로그 세팅뿐만 아니라, 블로그 글쓰기, 네이버 플레이스 세팅에도 모두 적용되는 원칙이기도 합니다. 이번 장에서는 우선 블로그 세팅에 대해서 집중적으로 설명해 드릴게요.

1. 가독성, 쉽게 읽혀야 한다.

블로그는 글 기반의 매체입니다. 그래서 글이 잘 읽히는 것이 중요합니다. 그리고 가독성이 높은 글이, 그렇지 않은 글보다 설득력도 높습니다. 그래서 이런 설정들을 활용해서 구현해 주세요.

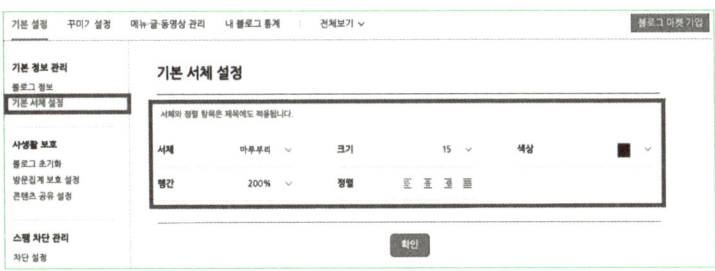

[기본 설정] → [기본 서체 설정]

1) 글자체 (폰트) '나눔고딕,' '마루부리,' '나눔스퀘어'를 추천드립니다. 다른 폰트도 괜찮지만 적어도 '다시시작해,' '바른히피,' '우리딸손글씨'는 피해주세요. 글을 썼을 때 정말 눈에 안 들어옵니다.

2) 글자 크기는 15나 16을 권장합니다.

3) 행간은 200% 이상으로 널찍널찍하게 공간을 확보해 주세요.

4) 좌측 정렬을 사용해 주세요. 한국 사람은 기본적으로 좌에서 우로 글을 읽습니다. 블로그에서도 이렇게 만드는 게 더 읽기 좋습니다. 그런데, 블로그에서는 중앙정렬을 사용한

글이 꽤 자주 보입니다. 제 생각으로는 진지하게 읽을 글로서는 가독성이 떨어진다고 생각합니다. (블로그 세상에는 체류시간을 늘리려고 의도적으로 글 읽기를 어렵게 하려는 의도가 담긴 글도 있답니다) 그리고 모바일 기기에서도 좌측정렬이 더 효과적입니다. 화면의 폭에 따라서 자동으로 최적화가 되기 때문입니다.

5) 사이드바가 왼쪽에 오는 형태를 사용해 주세요. PC 한정이지만, 사람들이 글을 읽다가 다른 카테고리로 이동하는데 편리하답니다. 프로필 영역을 보여줄 수도 있고요.

6) 글 영역은 '보통'으로 설정해 주세요. 이 설정이 '넓게'로 사용되는 경우 PC에서 볼 때 한 문장이 좌우로 너무 펼쳐져서 가독성이 떨어집니다.

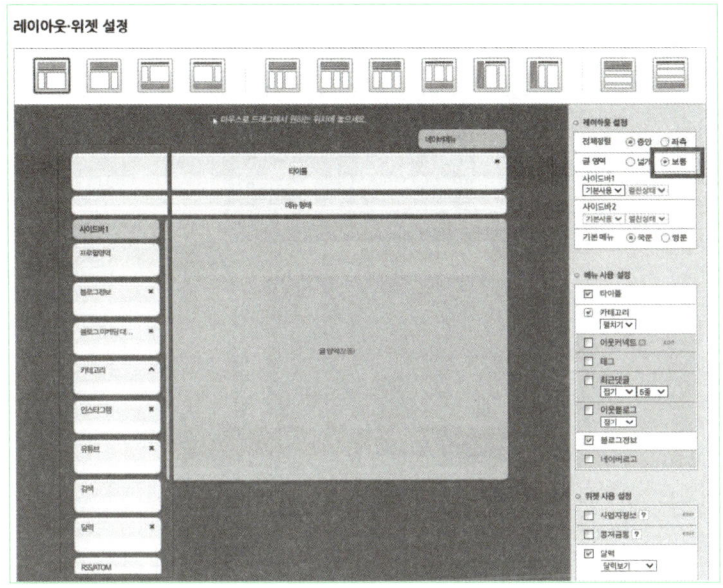

[꾸미기 설정] → [레이아웃/위젯 설정]

2. 일관성, '여기가 거기인가?' 싶어야 한다.

우리는 참 공들여서 블로그 글을 쓸 겁니다. 글 하나에 최소 한 시간, 많게는 세 시간이 걸릴지도 모릅니다. 하지만 글을 읽는 사람들은 그렇지 않을 거예요. 3분이라도 머물러서 읽어주면 정말 꼼꼼히 읽은 거예요. 대부분의 사람은 우리 글을 '쓱~' 넘기면서 읽을 겁니다. 이런 사람들의 머릿속에 우리의 사업장의 이미지를 남기려면, 일관된 이미지를 보여줘야 합니다. 블로그에서 다음과 같이 구현할 수 있습니다.

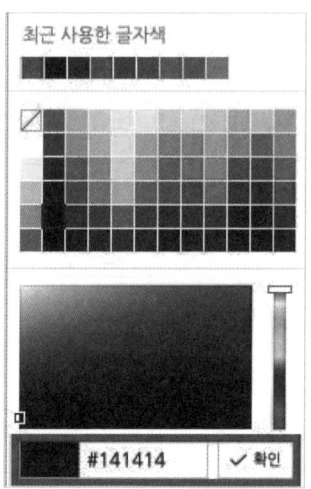

　첫째, 브랜드 컬러를 정하고 사용해 주세요. 이미 사업장이 있는 경우, 사용하고 있는 명함에 들어간 색이나, 로고의 색, 혹은 사업장 인테리어에서 지배적인 색을 사용해 주세요. 그 색을 색상 코드까지 확인해서 블로그의 섬네일과 강조 색으로 반복해서 사용해 주세요. 블로그의 글자 색 정하는 곳에서 [더보기]를 누르면 위와 같이 색상 코드를 넣을 수 있답니다.

　참고로 우리 센터 블로그글 예시로 들어드리면요, 센터 인테리어가 핑크색으로 되어 있어서, 여러 핑크색 중 하나를 메인 컬러로 선택해 반복해서 사용하고 있습니다.

　둘째, 반복되는 섬네일을 사용해 주세요. 블로그에서는 '대표' 사진에 해당합니다. 블로그 글에 넣어둔 사진 중 하나를 대표로 설정하면 섬네일이 됩니다. 저는 이 사진을 정사각형 이미지에 글자를 넣는 방식으로만 사용하고 있습니다. 포스팅마다 글을 바꾸면서 넣지만, 전체적인 모양은 동일하게 말이죠. 이 섬네일은 검색되었을 때가 중요한데요. 검색 결과에서 비슷한 요소들을 직관적으로 보여주기 위해서 일관된 이미지를 사용하고 있답니다.

섬네일 관련된 내용은 바로 다음 장에서 조금 더 이야기할 예정입니다. 여기서는 '섬네일을 만들어서 반복적으로 사용하자'라고만 알아주세요.

3. 접근성, 중요한 글을 쉽게 찾을 수 있어야 한다.

이 책에서는 진정성 있는 글을 쓰는 게 중요하다고 반복해서 이야기하고 있습니다. 그런데, 이렇게 글을 쓰더라도, 모든 글이 똑같이 중요하지는 않습니다. 그래서 중요한 글들을 잘 찾을 수 있게 정리를 해주는 작업이 필요합니다.

첫째, 대표글로 중요한 글을 기본으로 보여주세요. 블로그 마케팅에서는 높은 확률로, '사업주 소개글' 이나 '사업장 소개글'이 중요해요. 그래서 블로그에 들어가자마자 이 글을 확인할 수 있게 만들어 주는 것이 좋습니다. 블로그에는 '대표 카테고리' 설정이라는 기능이 있는데요. 제일 중요한 글들을 모아 카테고리를

[메뉴/글/동영상 관리] → [블로그]

만드신 다음, 이 카테고리를 '대표'로 설정해 주세요.

둘째, 페이지당 글은 1개로 설정해 주세요. 이 글이 1개 이상이 되면 스크롤을 내리다 어떤 글을 읽고 있었는지 헤매게 됩니다. 1개로 설정해서 글의 맺고 끝남을 인지할 수 있도록 해주세요. 계속해서 보여주고 싶은 글이 있다면, 읽고 있는 글에 링크를 남겨서 이동하게 만듭니다. 이 부분과 관련한 내용은 다른 장에서 더 설명할게요.

블로그 세팅 관련해서 정말 최소한의 요건들만 알려드렸습니다. 이 외에도 더 잘하려면 몇 가지 요소들을 더 챙기면 좋은데요. 예를 들어 블로그 상단의 이미지를 제작해서 넣는 것들 말이죠. 그런데 이 부분은 굳이 설명하지 않으려고 합니다. 블로그를 관리하시다 보면 자연스럽게 필요를 느끼실 것이고, 그러면 적용하실 테니까요. 오히려 이 장에서 설명해 드린 내용을 실행하는 데 더 집중해 주세요.

오히려, 이 글에서는 제가 PC 기준으로 설명을 해드렸는데요. 더 중요한 것은 '모바일'에도 이렇게 적용을 해주는 것입니다. 바로 다음 장에서 추가로 설명해 드릴게요.

준비 2. 블로그 세팅
- 모바일

　진부한 이야기입니다만, 요즘에 스마트폰을 안 쓰는 사람은 없습니다. 네이버 검색을 통해 정보를 알아보는 것도 업종에 따라 차이가 있기는 하겠지만, 스마트폰으로 찾아보는 경우도 상당히 많죠. 제가 운영하는 필라테스 센터 블로그에도 60% 이상의 사용자들이 모바일로 들어옵니다.

　너무 당연한 이야기를 길게 하는 것 같은데요. PC로 블로그 글을 쓰시는 분들이라면, 내가 PC로 글을 쓰다 보니, 모바일에서 내 블로그가 어떻게 보이는지 전혀 신경을 쓰지 않는 분들이 계시더라고요. 어떻게 보면 PC보다 더 중요할지도 모르는데 말이죠. 이 글을 보시고 딱 한 번만 설정해 두시면 됩니다. 시작해 볼게요.

잊지 마세요. 모바일에서도 PC 설정을 할 때 설명해 드렸던 세 가지 원칙, 가독성, 일관성, 접근성은 그대로 적용됩니다. 하나씩 설명해 드리겠습니다.

첫째, 가독성

이미 PC 버전에서 글자체, 글자 크기 설정을 해주셨다면, 모바일에서 따로 할 영역은 없습니다. 글이 잘 보이도록 잘 들어가 있을 거예요.

둘째, 일관성

모바일 화면에서 커버 이미지를 하나 넣을 수 있게 되어 있는데요, 이미지는 네이버 플레이스에 대표 사진과 맞춰주면 좋습니다. 혹은 반드시 같은 이미지가 아니더라도, 같은 사업장으로 인

우리 센터도 네이버 지도 대표 이미지와 동일한 이미지를 사용하고 있습니다.

식할 수 있는 비슷한 이미지로 사용해 주세요.

셋째, 접근성

모바일 세팅에서 가장 중요한 포인트라고 생각하는데요. 기본적으로는 '인기글'과 '대표글'이 모두 보일 거예요. 여기서 인기글을 해제하고, 대표글만 보이도록 설정해 주세요. 그리고 이 대표글에는 대표 소개, 사업장 소개 같은 중요한 글들을 먼저 보이도록 설정해 주세요.

인기글을 해제하는 이유는, 인기글에서는 조회수가 높은 글을

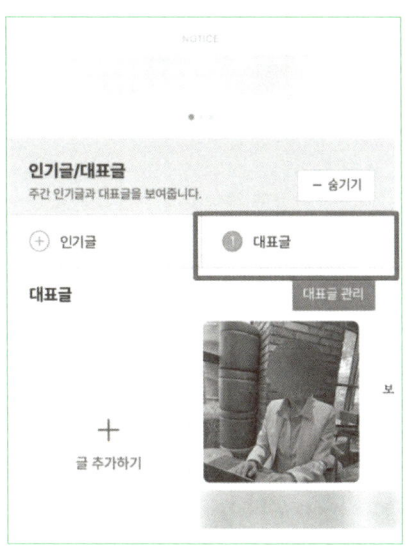

제가 운영하는 센터도 원장님 소개가 가장 먼저 보입니다.

자동으로 보여주는데요. 이런 인기글이 꼭 우리 사업장의 브랜딩을 강화하는 글이 아닐 수 있기 때문입니다.

중요한 내용은 여기까지입니다. 블로그 모바일 버전에 들어가시면 이것저것 더 챙겨 넣고, 선택할 수 있는 요소들이 있을 텐데요, 그것들은 취향껏 설정해 주시면 될 거예요. 간단하죠? 하지만, 이 글을 보고 있는 지금 하지 않으면, 잊어버리실 수 있습니다. 저도 그랬으니까요. 지금 잠깐 책을 읽는 것은 멈추시고, 스마트폰을 켜서 제가 이야기해 드린 옵션들 설정하고 오세요. 5분도 안 걸릴 겁니다.

준비 3. 섬네일 만드는 방법

　블로그를 조금만 하다 보면, 망고보드, 미리캔버스, 캔바 같은 서비스들에 대해서 듣게 되실 겁니다. 사업장을 실제로 운영하고 계신다면 전단지 같이 사업장에 필요한 이런저런 이미지 작업이 있어 이미 사용하고 계실 수도 있어요. 이 서비스들에서는 이미지 템플릿도 멋진 것들을 주니까 이것저것 만들기 쉽습니다.
　하지만 디테일까지 수정하다 보면 꽤 많은 시간을 잡아먹을 거예요. 글 쓰는 시간보다 섬네일에 공을 들이는 시간이 더 걸릴지도 모릅니다. 하지만, 이런 노력이 오히려 역효과를 낼 수 있습니다. 마케팅 관점에서는 다양한 이미지들을 블로그 섬네일('대표'로 설정하는 이미지)로 쓰는 것을 추천하지 않습니다. 왜냐하면 일관되게 우리 사업장의 이미지를 전달해야 하기 때문입니다.

또 이야기 드리지만, 우리의 고객들은 우리 사업장에 깊은 관심이 없습니다. 그저 쓱 지나가면서 확인하고, 자신이 필요했을 때 열심히 찾아보실 겁니다. 사실 우리도 우리 사업에는 무척이나 관심이 많지만, 소비자가 되었을 때는 똑같이 행동하고 있습니다. 이런 고객들에게 우리 사업장의 이미지를 각인시키기 위해서는 일관된 이미지의 반복이 필요합니다. 즉, 비슷한 디자인 요소를 가지고 있는 이미지를 반복 사용하는 것이 좋습니다.

특히, 검색 결과를 보면 왜 그런지 더 잘 알 수 있습니다. 00 필라테스라고 검색하면서 사람들은 검색 결과들을 훑어보면서 글을 몇 개 클릭해 볼 겁니다. 여기서 한 번이라도 더 비슷한 이미지가 나오게 되면, 우리 사업장의 존재를 알리는 데 도움이 됩니다.

반대로 같은 사업장이라고 하더라도, 이런저런 이미지를 다르게 쓰는 경우라면 검색 결과에 우리 사업장 포스팅이 다수 노출되더라도 각각 다른 사업장으로 인식할 가능성이 높습니다. 섬네일을 통일시켜 놓았을 때, 더 잘 보이지 않나요?

한편으로는 이렇게 섬네일 디자인을 통일시켜 놓는 것이 관리하기도 좋습니다. 정해진 템플릿에서 글자만 바꾸면 되니까요. 그렇다면 이 섬네일은 어떻게 만들면 될까요? 제가 만드는 방식이 신박한 필라테스, 불만족시 100% 환불 · 2024.11.15.
늘 여러분을 생각합니다. 수업 예약 방법 알려드려요. [3편]

서는 늘 여러분을 생각합니다. 이 글은 필라테스를 완전 처음 접하시는 초심자분들을 위한 글입니다. 그렇기에 연재물로 상세하게 작성하고 있는데요, 일반적으로 많이 궁금해 하시는 ...

뽀쭈이의 일상 기록 ♡ · 2023.03.15.
내 어깨 통증을 잡아

중 최초로 기구 필라테스를 시작한 곳인데다가 선생님들도 다 경력직인 ... 이셔서 잘 해주실 것 같더라고요. 그래서 상담을 받아보니 선생님들이 정말 인체에 해박하시고 재활 쪽으로도 잘 알고 계셔서 믿음이 가더라구요. 상담하면...

22년 11월 시작, 푸른 나의 일상 · 2023.02.10.
늘 필라테스 건강음 위해 다니고 있는 필라테스!

우리 집과 가까운 센터에서 필라테스를 배워보고 싶어서 인터넷 검색으로 꼼꼼하게 알아보게 되었고, 역곡역 1번 출구 도보 2분 거리 CGV건물 2층에 위치하고 있는 늘 필라테스를 알게 되었답니다 필라테스에서, 필라...

장 필라테스, 불안족시 100% 환불 · 2025.01.04.

, 수업 전에 이런 것들을 챙겨주세요.
서 같이 운동해요 이 글 ✓   찾으시는 분들께 도움이 되었으면 좋겠습니다. 꼭 우리 센터가 아니어도 좋아요.   필라테스를 포함해서 좋은 센터들

글로아의 뷰티로그 · 2024.05.17.

: 용후기 (다이어트 운동, 스트레칭)

필라테스 찾으시는 분들은 핌필라테스 운동해시면 좋을 것 같네여 ㅠ (주말에 오시면 저 볼 수 있어요 호호 주말밖에 시간이 없을 것 같긴 하지만 주말이라도 꾸준하게 운동해서 예전 몸무게와 몸매로 돌아가고 싶네요 !! 이건 입구에 있었던 뚜 사진 ! #역...

을 알려드립니다. 어떤 솔루션을 쓰셔도 괜찮습니다. 심지어는 구글 슬라이드나 파워포인트로 만드실 수도 있을 거예요. 아래 내용만 지켜주세요.

1. 800x800 이상의 1:1 비율의 배경을 만듭니다.
2. 화면의 정중앙에 글자를 중앙정렬로 놓습니다.
3. 블로그에서 주로 쓰고 있는 강조색을 글자 배경으로 적용합니다.
4. 블로그 글에 따라 섬네일의 내용을 변경해 주세요.
5. 이 이미지를 JPG나 PNG로 내보내기 혹은 다운로드해서 사용해 주세요.

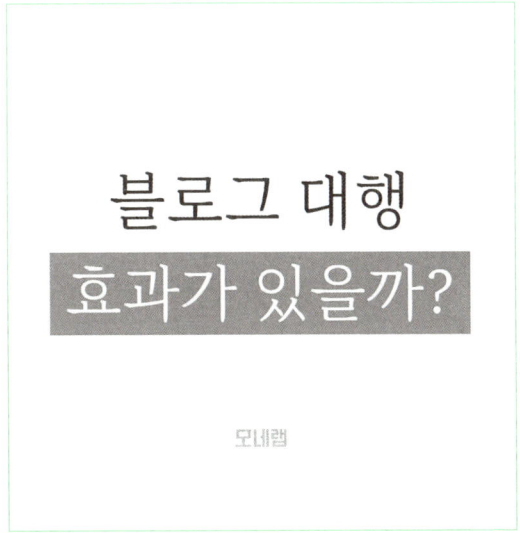

위 이미지는 이 과정으로 만들어진 섬네일입니다.

보시다시피 디자인이 거의 들어가지 않는 형태의 섬네일입니다. 그래서 글자 폰트가 중요합니다. 첫째, 글자들을 쉽게 읽을 수 있고, 둘째, 상업적으로 무료이고, 셋째, 그중에 예쁜 글씨체를 사용해 주시면 됩니다. 이렇게 시작하시고, 나중에 더 멋진 섬네일 형태를 보신다면 개선해도 좋겠죠. 중요한 것은 일관되게 사용해서 통일감을 주는 것입니다.

이제부터 쓰는 글은 이 섬네일을 활용해서 만들어보겠습니다.

준비 4. 네이버 톡톡 연동하기

　고객들에게 문의를 받는 메신저로 어떤 것을 사용하시나요? 한국 사람이라면 모두 쓰고 있는 카카오톡을 사용하고 계실지도 모르겠습니다. 실제로 카톡 비즈니스 채널을 개설하고, 여기서 상담을 진행하는 경우가 많고요. 그래서 사업장 마케팅 블로그에서도 꽤 자주 블로그 글 하단에 카톡 링크가 남아 있는 경우를 쉽게 볼 수 있습니다. 이미지에 링크를 연결해서 정성스럽게 만드시는 분들도 있죠.
　이 방식이 틀렸다고 생각하지는 않습니다. 한국 사람들이 카톡을 많이 쓰는 것은 사실이니까요. 그런데 제가 운영하는 센터에서는 네이버 톡톡을 쓰고 있습니다. 왜 그럴까요?

네이버 톡톡의 장점으로 **첫째, 어떤 글을 보고 문의를 했는지 알 수 있습니다.** 네이버 톡톡의 가장 큰 장점은 문의하기 직전에 어떤 글을 보고 들어 왔는지 남겨주거든요. 아래 화면에서 처음에 나오는 인사말 이후에 이 화면이 보이면? 사용자가 이 글에서 네이버 톡톡을 눌러서 들어왔다는 것을 알 수 있죠.

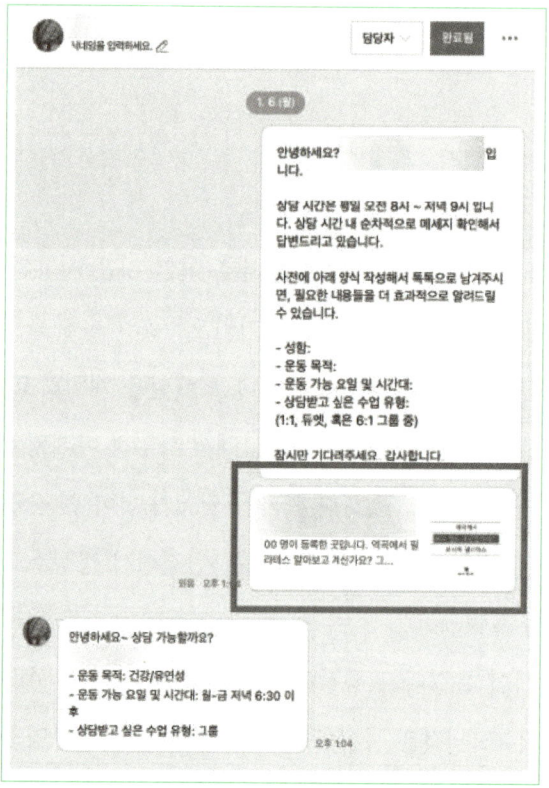

※ 이 글이 항상 보이지는 않습니다. 왜냐하면 사용자는 블로그 글 이외의 영역(ex: 네이버 플레이스, 블로그 스킨 영역)에서도 톡톡으로 문의를 할 수 있기 때문입니다.

이렇게 한 번이라도 어떤 글에서 문의하는지 알 수 있다면? 우리는 더 확신을 가지고 블로그 글을 쓸 수 있을 겁니다. 특히, 어떤 키워드를 사용하면 좋은지? 어떤 글감으로 글을 쓰면 좋은지? 피드백을 받으면서 블로그를 운영할 수 있게 되죠. 성과가 있었던 글을 바탕으로 비슷한 패턴의 글을 만들고 개선할 수 있는 근거가 됩니다.

그리고 두 번째 장점은 **네이버에 데이터를 남길 수 있습니다.** 네이버는 검색 엔진을 제공하는 회사입니다. 검색 엔진에서 나오는 값이 사용자의 검색 의도에 맞게 제공하는 것이 이 서비스의 핵심 중 하나일 겁니다. 그러면 네이버에 우리가 이런 사업장이라는 데이터를 주는 것이 필요합니다. 다르게 표현하면, 사용자가 이 지역에서 필라테스 센터를 찾으려고 네이버에서 검색을 시작했을 때, 우리 사업장이 잘 운영하는 필라테스 센터임을 알 수 있는 데이터를 남겨 놓는 작업이 필요하죠.

네이버에서는 정확하게 이 데이터를 어떻게 사용해서 노출 순위를 정한다는 알고리즘을 공개한 적은 없습니다. 그래서 이 알고리즘을 파악하려고 마케터들이 노력을 많이 하죠. 어떤 때는 노출에 중요하던 데이터가 다른 때는 그렇지 않게 변하는 경우도 있습니다. 이 상황에서 한 가지 분명한 사실은, '네이버가 알 수 있도록 이런저런 데이터를 남기는 것은 중요하다'라는 것입니다.

네이버 톡톡으로 문의를 연결하는 경우 이 데이터는 고스란히 네이버가 알 수 있게 됩니다. 반면 카톡으로 연결했을 때는 카카오로 넘어가기에 네이버가 알 수 없겠죠. 그래서 이왕이면, 네이버 톡톡을 쓰는 것이 좋다고 생각하고 있습니다. 그렇다면 이런 네이버 톡톡은 어떻게 사용하면 될까요?

네이버 톡톡 사용하기 1. 네이버 톡톡 파트너 센터 등록

'네이버 톡톡'으로 검색하면 아마 여러분들이 '고객'인 상태의 네이버 톡톡이 나올겁니다. 이 키워드 말고 대신에 '네이버 톡톡 파트너 센터'를 검색해서 그 안에서 진행되는 등록 절차를 따라 진행해 주세요. 아래와 같은 화면에서 시작하기를 눌러 진행해 주시면 됩니다.

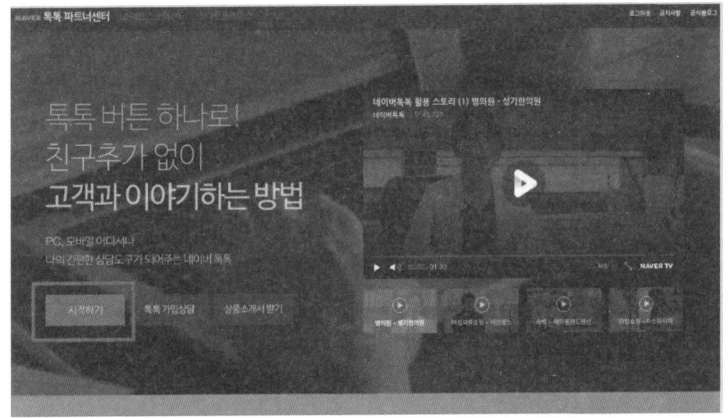

등록하면 네이버에서 검수하게 되고, 검수가 완료되면 사용하실 수 있습니다. 이제 네이버 톡톡 사용 신청이 끝난 것이고, 이제는 블로그와 연동을 해야 합니다.

네이버 톡톡 사용하기 2. 블로그 연동하기

블로그에서 [관리] → [기본 설정] → [블로그 정보]로 들어가서 맨 하단에 '네이버 톡톡 연결'을 진행해 주세요. 이 메뉴는 네이버 톡톡이 검수까지 완료되어 사용이 가능한 상태까지 되어야 활성화됩니다. 그전까지는 이 메뉴 자체가 보이지 않으니까요, 이 메뉴가 없다면 네이버 톡톡 사용하기 1번으로 돌아가 네이버 톡톡 사용 신청 현황을 점검해 주세요.

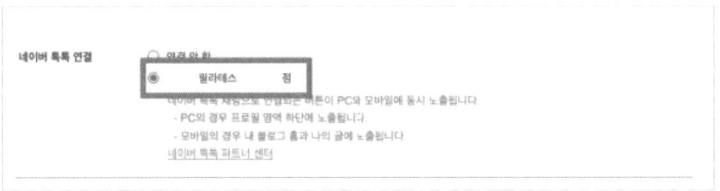

여기까지 완료 되셨다면, 이제 블로그 글에 추가하는 방법도 알려드리겠습니다.

네이버 톡톡 사용하기 3. 블로그 글에 네이버 톡톡 추가하기

연동이 끝났다면 블로그 글에 톡톡을 추가하는 것은 간단한 작업입니다. 글 쓰는 영역 상단에 '톡톡'이라는 메뉴가 활성화되거든요. 이 메뉴 역시 톡톡이 연동 되어있지 않으면 보이지 않습니다. 보이지 않는다면 네이버 톡톡 사용하기 1번과 2번 내용을 다시 점검해 보세요.

블로그 글을 쓰면서 이 메뉴를 눌러주기만 하면 톡톡을 넣을 수 있습니다. 이 메뉴를 누르면 뜨는 아래 화면에서 확인을 누르면 끝이죠. 참고로 저는 기본 배너만 사용하는 편입니다. 글을 자주 쓰게 될 텐데 그때마다 이미지를 첨부한다면 여간 번거로운 일이 아니거든요.

대신에 네이버 톡톡 바로 직전에, 블로그 글로 설명을 붙여 놓습니다. 제 사업장에서는 '필라테스 찾으시면 아래 톡톡으로 편하게 연락해 주세요.'라는 정도로 이야기하고 있습니다.

네이버 톡톡의 장점과 사용법을 알려드렸습니다. 단점까지 이야기해 드려야 할 것 같은데요. 네이버 톡톡에 메세지를 남기기 위해서는 잠재 고객이 네이버 아이디가 있어야 한다는 사실입니

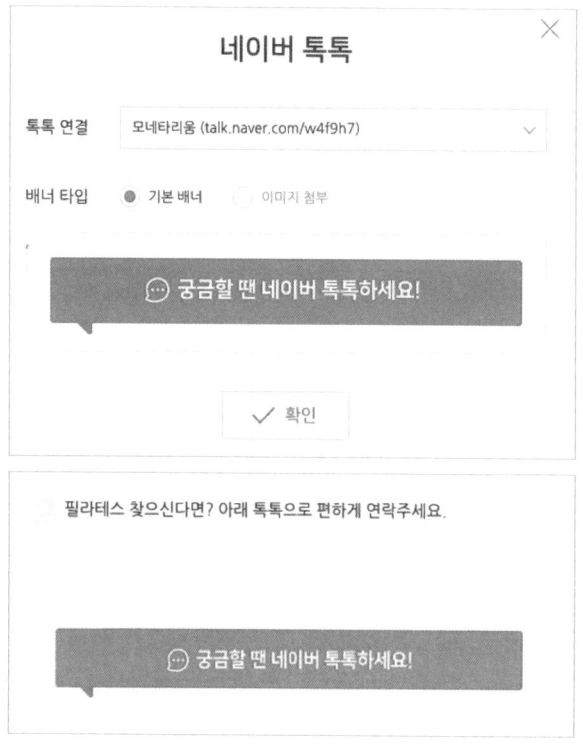

다. 간혹 네이버 아이디가 없거나 자주 사용하지 않아서 기억하지 못하는 경우가 있을 수 있습니다. 그래서 저는 블로그 글에 전화번호도 같이 기재해 두고 있습니다.

　네이버 톡톡이 처음에는 사용하기 조금 어색하실 수도 있습니다. 아무래도 우리는 카카오톡에 더 익숙하니까요. 그래도 조금만 사용해 보시면 금방 익히시게 될 거예요. 또, 네이버 톡톡은 여러 네이버 계정에서 함께 관리를 할 수도 있는데요. 이 기능 덕분에 센터에서 상담을 진행해 주시는 직원과 저희가 함께 문의 내용들을 검토할 수도 있답니다. 이제 준비는 끝났고, 본격적으로 글쓰기를 시작해 봅니다.

준비 5. 블로그 제목 짓는 방법

'글은 다 써뒀는데
제목은 어떻게 할지 모르시겠다면?'

후킹. '눈길을 끄는 제목을 쓰는 게 중요하다'라는 이야기는 많이 들으셨을 것 같습니다. 중요합니다. 사람들이 글을 보는 가장 첫 단계니까요. 여기서 선택받지 못하면 내 글은 읽히지 않습니다. 하지만, 제 생각은 무작정 자극적인 제목만 만들어서는 안 된다고 생각합니다. 제목과 본문의 내용이 일치하지 않는다면, 글을 다 읽은 사람들은 실망하게 되어버리니까요. 진정성을 담은 상태에서 관심을 끄는 수준. 이 정도가 딱 적당하다고 봅니다.

종종 제목을 감탄이 나올 정도로 유난히 잘 짓는 사람들이 있습니다. 눌러보고 싶은 내용들을 잘 쓰는 사람들이 있습니다. 이 사람들을 보면서 '나는 못 하겠지'라고 으레 포기하지는 마세요.

제목 짓기는 훈련이 필요한 영역이기도 하고, 또 우리가 경쟁해야 할 상대는 우리나라에서 눈에 띄게 제목을 잘 짓는 사람이 아니라, 같은 동네에서 경쟁하고 있는 업체들입니다. 다른 업체보다 더 잘 지으면 됩니다. 이 정도는 여기서 알려드리는 세 가지 내용을 적용해 보시면 충분히 가능하답니다.

첫째, 글을 다 쓰고 '이 글을 한 문장으로 말하면?'이라는 생각을 정리해 보세요.

제목은 글의 가장 앞부분에 나옵니다. 그래서 제목부터 쓰고 글을 쓰는 경우가 많은데요. 반대로 해보세요. 즉, 블로그 글 본문을 쭉 써놓고, 다시 한번 생각해 보는 겁니다. 이 글을 한 문장으로 요약하면 어떤 문장이 될지 생각해 보는 겁니다. 이때 툭하고 나오는 문장이 제목으로 좋은 문장이 됩니다. 그런데, 이렇게 나온 문장이 생각보다 마음에 안 든다면? 훈련이 필요할 때입니다.

둘째, 평소에 내가 제목에 이끌려 눌러봤던 문장들을 모으고 따라 써보세요.

제목 짓기도 훈련이 가능한 영역입니다. 그리고 우리 주변에는 광고들이 넘쳐나죠. 광고들에는 여러분들의 관심을 끌기 위해 사용된 전략적인 문구들이 참 많습니다. 그중에 '눈길이 간다.'

싶은 것들을 모아주세요. 저는 핸드폰으로 사진 촬영해서 모으고 있습니다. 그리고 사무실에서 잠깐 쉴 때 똑같이 따라 써보기도 합니다. 이 경험들이 하나둘 쌓이다 보면, 첫 번째 방식에서 뽑는 문장들이 확연히 좋아지기 시작합니다. 그런데 지금 당장 이런 문장을 모으는 것부터 일이라고요? 학습할 자료가 없다고요? 그러면 세 번째 방법으로 해보세요.

셋째, 카피라이팅 책에 있는 사례들을 따라 써보세요.

서점가서 '카피라이팅' 관련 책들을 하나 구입하세요. 그리고 그 안에 나와 있는 사례들을 골라서 한 번씩 써보는 겁니다. 처음에는 비슷한 문장에서 내 글에 맞게 단어를 바꾸는 수준일 것 같습니다. 하지만 조금만 하다 보면 몇 가지 패턴을 알게 되고 편하게 작성하실 수 있을 거예요.

글 유형 1.
사업주 소개글

　우리 솔직해져 봅시다. 우리가 팔고 있는 상품과 서비스는 과연 경쟁자들과 얼마나 다를까요? 제가 운영하는 필라테스 센터에서 제공하는 수업과 근처 다른 센터에서 제공하는 수업은 질적으로 얼마나 다를까요? 아마 크게 다르지는 않을 겁니다. 게다가 이런 '수업의 질' 차이는 재구매(재등록)에는 영향을 주겠지만, 신규 회원을 모집하는 데는 영향을 미치기가 힘들겠죠.
　그러면 어디서 차별화를 만들 수 있을까요? 저는 센터의 이야기, 그리고 본질적으로는 **센터를 운영하는 사람의 이야기에서 차별화의 요소를 만들 수 있다고 생각합니다.** 사람들은 파는 사람이 믿음이 가기 때문에, 그 사람에게서 뭔가를 사기도 하니까요.

저는 이런 글을 블로그로 구현해서 실제로 성과를 얻었습니다. 우리 센터 블로그를 보고 '원장님 글을 보고 믿음이 되어 왔어요' 라는 후기들을 꽤 받고 있거든요.

필라테스 센터가 먹튀가 만연하던 시절, 그 불안감을 떨쳐내고 우리 센터를 찾아보게 만든 그 글을 어떻게 썼는지 알려드리겠습니다. 이런 방식으로 글을 구성해 보세요.

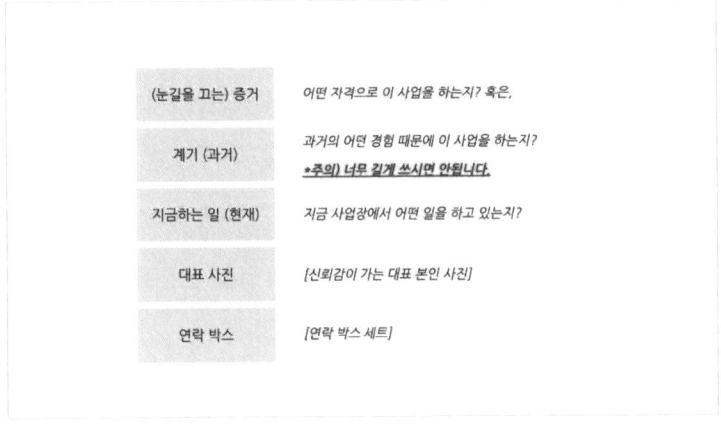

한 부분씩 설명해 드리겠습니다.

1. 어떤 능력, 자격, 경력 등으로 이 사업을 하고 있는가?

이 부분은 이미지나 GIF 파일로, 직관적으로 보여주는 것이 좋습니다. 눈에 확 들어오도록 말이죠. 우리 센터 원장님(와이프)은 필라테스 강사 시절에 케이블 TV에서 운동을 가르치는 일을 했었습니다. 그 영상을 찾을 수 있었죠. 그래서 이 영상을 처음으로 시작하고 있습니다. 'TV에도 나온 사람'이라는 요소로 주목을 받을 수 있다고 생각했죠.

이런 내용이 없더라도, 센터를 운영하는 원장님의 색을 담아 쓸 수 있습니다. 다이어트를 전문으로 하는 필라테스 센터라면? 원장님 자신의 비포&에프터 사진을 쓸 수 있을 겁니다. 체형 교정을 전문으로 하는 PT 샵이라면 체형 교정 이후에 감사한 마음을 담은 후기들을 먼저 보여줄 수 있을 겁니다. 수학을 가르치는 선생님이라면 학생들이 보낸 감사 편지나 수학 교재 검토 위원으로 활동했을 사진이나 증명서 등을 보여줄 수 있을 겁니다. 이 외에도 정말 많은 요소를 이 부분에 사용할 수 있을 겁니다.

2. 이 사업을 하게 된 계기

사업 왜 하시나요? 단순히 돈을 벌기 위해서라고요? 네 그럴지도 모릅니다. 그런데 조금만 더 깊이 생각해 봅시다. 돈을 버는 일은 세상에 셀 수 없을 정도로 많은데요, **굳이 왜 이 사업이었는지 말이죠**. 그 내용을 생각하시는 그대로 써주세요. 글에 힘이 들어가면 미사여구가 많이 들어가거나, 스스로 강조하는 내용들이 많이 들어갈 거예요. 그러지 마시고 담백하게 여러분의 이야기를 풀어서 작성해 주세요.

  이 책의 초반에도 설명해 드렸다시피 제가 필라테스 센터를 하게 된 계기는 '와이프의 꿈' 때문이었습니다. 대부분의 필라테스 강사처럼 와이프도 '언젠가는 나도 센터를 운영할 거야'라는 생각을 했었죠. 그렇게 특별한 이야기는 아닐 거예요. 하지만 와이프 스스로에게는 정말 중요한 일이죠. 그래서 돈을 벌기 위해서 다른 사업을 할 수도 있었지만, 결국 필라테스 센터를 하는 것입니다. 이 이야기를 솔직하게 썼습니다.

  이 부분에서 주의할 점이 있다면, **과거 이야기는 핵심만 추려서 간결하게 작성해야 한다는 점입니다.** 제가 여러 사람들에게

> 필라테스로 제 몸을 돌봤기 때문에, 필라테스에 대한 애정은 남달랐습니다. 그래서 필라테스와 관련된 일을 열심히 했죠. 그러다보니,
>
> 66
> 나도 언젠가 나의 센터를 운영하고 싶다. 이렇게 좋은 것을 여러 사람에게 알리고 싶어.
>
> ─────────────
>
> 라는 생각을 하게되었죠.

이 작성법을 알려드렸더니, 머나먼 중고등학교 때까지 거슬러 올라가시기도 하더라고요. 이렇게 작성하면 이야기가 너무 길어져 지루해집니다.

　이 사업을 하게 된 여러 요소가 있겠지만, '결정적인 순간'을 포착해 작성해 주세요. 제가 운영하게 된 센터는 와이프가 실제로 허리를 다쳐서 필라테스를 시작한 사람이었고, '이 좋은 것을 알리고 싶다'라는 말을 입에 달고 살았습니다. 이 내용을 작성해 줬어요.

3. 지금 사업을 운영하면서 하고 있는 일

　2번의 내용은 과거의 이야기입니다. 그리고 3번에서는 현재의 이야기를 써주세요. 지금 당장, 이 사업을 운영하면서 우리가 하는 일을 작성해 주는 겁니다. 2번과 3번에는 아마 수많은 희로애락의 과정이 있었을 거예요. 하나하나 이야기하고 싶지만, 과감하게 삭제해 줍니다. 이렇게 내용의 공백을 만들더라도 괜찮습니다. 우리 글을 읽을 사람들은 그 공백을 크게 개의치 않을 거예요. 이들에는 내가 믿을 만한 사람인지 확인하는 게 가장 중요하니까요.

　3번에서는 지금 사업장에서 하는 일 들을 이야기해 주세요. 세 가지 정도가 적당합니다. 그리고 세 가지를 일종의 '주장'이라고 생각하고, 그 주장을 뒷받침할 수 있는 근거가 되는 내용을 제시해 줍니다. 사진으로 보여줄 수 있다면 좋습니다.

우리 센터는 '와이프가 청소도 하고, 직접 수업도 하고, 다른 선생님들의 수업도 관리한다'라는 이야기로 서술되어 있습니다. 필라테스 센터를 운영하시는 분들께는 당연한 일상의 이야기일 수 있습니다. 하지만 보는 사람은 '아 이 원장이 센터를 제대로 관리

하고 있구나'라는 메시지를 줄 수 있습니다.

그리고 마지막에는 사업을 운영하시는 분의 얼굴이 드러난 사진을 넣어주세요. 그리고 이 이미지를 대표 이미지로 지정해 줍니다. 그러면 섬네일에 사업주님의 얼굴이 딱 보이는 게시물이 됩니다.

이 사업주 소개글이 작성된 다음에는 모든 글의 하단에 이 글을 링크로 첨부해 주세요. 다른 글들이 타깃하는 키워드에서 우리 사업장을 노출해 주는 영업 사원의 역할을 한다면, 이 소개글은 그렇게 노출된 글을 보고 들어온 사람들이 결정적으로 문의를 하게끔 만드는 전환의 역할을 한답니다.

그런데 이 글을 실제로 작성해 보시면, 생각보다 어려울 거예요. 자꾸만 어디서만 본 것 같은 글을 쓰시게 될 겁니다. 또 어떤 내용을 써야 하는지, 혹은 어떤 부분을 삭제하는 게 좋을지 판단하기가 어려우실 거예요. 그럴 때마다 위에서 제시해 드린 형태로 돌아가서서 가이드라인을 따라 작성해 보세요.

이 글을 한 번에 완성하겠다는 생각을 버리셔도 좋습니다. 우선 그럭저럭 괜찮은 소개글을 만들어보세요. 이후에 우리 사업장과 관련된 다른 블로그 글들을 작성하다 보면, 스스로에 대해 더 잘 아시게 될 겁니다. 글쓰기라는 게 원래 나를 되돌아보게 만드는 기능도 있잖아요. 블로그 마케팅을 위한 글쓰기에서도 이 혜택을 누리실 수 있습니다. 그래서 나에 대해서 더 알게 되었을 때, 다시 한번 더 이 유형의 글을 작성해 보세요. 처음 했을 때보다는 훨씬 더 좋은 글이 나올 겁니다.

글 유형2.
사업장 소개글

 이 글에서는 사업주 소개만큼이나 중요한 '사업장 소개' 글에 관해서 이야기해 보려고 합니다. 단도직입적으로 이 글은 우리가 운영하는 사업장이 어떤 강점이 있는지 알려주는 글입니다. 그렇다고 자랑하는 글은 아닙니다.

 오히려 고객들이 '필라테스를 잘하는 곳은 어디지?' 라는 질문에 답변하기 위한 글입니다. 예를 들어 00 (지역) + 필라테스 키워드를 검색하고 있는 사람이라면, 00(지역)에서 필라테스를 잘하는 곳, 혹은 믿을 만한 곳을 찾고 있을 겁니다. 가장 좋은 글의 전개 방식은 여러 필라테스 센터를 모두 경험해 보고, 진짜로 순위를 매겨 리뷰하는 것이겠지만 이런 식의 글을 한 필라테스 센터에서

썼다간 경쟁자들의 감정을 상하게 할 수 있겠죠.

그래서 차선책으로, 우리 센터의 장점들을 잘 보여주는 글을 쓰는 것이죠. 소비자가 스스로 인근 업체들을 확인해 보고 선택할 수 있게 돕는 것이죠. 적어도 우리 사업장의 정보는 충분히 가질 수 있게요. 이렇게 글을 써보면 좋겠습니다.

전체적인 구조도부터 보여드립니다. 증거를 제시하면서 눈길을 끌고, 이 사업장을 알아보고 있는 사람들의 생각에 답변을 해 준 다음, 우리 사업장의 강점들을 나열하는 것입니다.

이 세 가지를 하나하나 제가 운영하는 센터의 블로그 글을 예시로 설명해 드릴게요.

증거	잘 운영되고 있는 센터라는 시각적 증거. 후기, 등록 회원 수 등
생각 읽기	잠재 고객들은 어떤 생각을 하고 이 글을 찾아보고 있을까?
강점1	
강점2	우리 센터는 어떤 강점을 가지고 있을까?
강점3	
센터 시설 소개	[센터 시설 사진 & 영상]
연락 박스	[연락 박스 세트]

첫째, 증거

우리 사업장이 잘 운영되고 있다는 증거를 먼저 보여줍니다. 회원님들의 진짜 후기(네이버 플레이스에 남아 있는 영수증 후기 스크린샷

포함), 등록 회원 수, 혹은 회원님들이 직접 남기신 편지 등등. 실제 회원님들이 많이 다니고 있다는 직관적인 증거를 먼저 보여주세요.

이런 예약 시스템의 후기 스크린샷을 쓰기도 하고, 영수증 후기 스크린샷을 모아 사용할 수도 있습니다. 이 증거들을 보여주면서 글을 전개해 주세요. '우리 사업장을 찾아주셔서 감사하다'라는 내용으로 작성할 수 있을 겁니다.

둘째, 생각 읽기

사람은 글을 읽을 때 생각하며 읽습니다. 이 상황에서 글 내용에 글을 읽는 사람의 생각을 알아보는 내용이 들어가 있다면 어떻게 될까요? 단순히 '글을 읽는다'라는 모드에서 '사람과 대화한

> ▓▓▓ 필라테스 알아보고 계신가요? 그렇다면 아마 이런 생각도 동시에 하고 계실 것 같아요.
>
> '필라테스는 실력있는 선생님을 잘 만나야 한다는데…'
> '오랫동안 믿고 다닐 수 있는 센터는 어딜까?'
> '적당한 가격은 어느 정도일까?'
>
> 잘 알고 있죠? 우리 ▓▓▓ 필라테스를 찾아주시는 회원님들의 공통된 생각이시거든요.

다라는 느낌으로 머릿속의 모드를 전환해 줄 수 있습니다. 다른 말로 표현하면, 글을 조금 더 입체적으로 느낄 수 있게 만들어주는 기술입니다.

정말로 회원님들은 이런 생각을 하십니다. 동시에 이런 내용이 추가 되어있다면, 평소에 우리 사업장이 고객님들을 얼마나 많이 만나고 있고, 또 관심 가졌는지에 대해 은연중에 보여줄 수 있기도 합니다.

셋째, 강점 3가지 나열

그다음에는 우리 사업장의 강점 세 가지를 이야기해 주세요. 딱 세 가지가 좋습니다. 이 이상은 우리 머리가 처리하기도 어렵고, 이보다 적은 수는 빈약해 보이거든요. 그런데도 만약에 더 숫자를 줄이거나 늘리고 싶다면, 단 1가지, 혹은 다섯 가지 정도로 정리하는 것이 좋습니다.

그리고, 강점을 쓸 때는 각 강점에 관한 주장과 근거를 맞춰서 작성해 주세요. 예를 들어 '실력 있는 강사님들이 수업하고 있습니다'라고 표현하는 것은 주장입니다. 그다음에는 이 강사님들의 실력을 알려줄 수 있는 근거가 제시되어야 합니다. 최소한 이런 저런 강사들이 있다는 사실은 알려주어야 하죠.

그리고 이렇게 나열될 각각의 장점은 되도록 분량도 비슷하게

> **2. 실력있는 강사님들과 함께 하고 있습니다.**
>
> 필라테스 센터에서 가장 중요한 것은 '수업의 질' 입니다. 그리고 그 수업의 질은 '강사' 의 몫이죠.
>
> 사실, 제 경력이 빛을 발하는 곳은 '강사 채용' 입니다. 제가 필라테스 강사이기에 수업을 잘하는 사람과 그렇지 않은 사람들을 구분할 수 있거든요.
>
> 실제로 채용할 때 인터뷰를 통해서 필라테스에 진심인지도 확인하고 (저와 결이 맞아야 하니까요), 무엇보다도 수업을 잘하는지, 제가 수업을 받아보고 결정한답니다.

맞춰주세요. 강점 1, 강점 2, 강점 3의 분량을 비슷하게 맞추는 것입니다. 그래야 글 자체의 균형이 생기거든요. 문단의 생김새를 신경 쓰는 것도 디테일 중 하나입니다.

앞서서 이 글은 우리 사업장을 적극적으로 찾고 있는 사람들이 볼 것이라고 이야기해 드렸습니다. 그래서 기본적으로 찾는 정보들도 들어가면 좋은데요. 필라테스 센터의 경우, '시설 소개'가 그 중 하나입니다. 내가 다닐 센터의 사진들을 모아두는 것이죠. 사업에 따라 이런 정보들이 더 필요하다면, 강점을 다음에 한 가지 정도는 추가해 주셔도 좋습니다.

이렇게 우리 사업장의 강점을 이야기할 때, 제가 되도록 피하려고 애쓰는 내용들이 세 가지 있습니다.

첫째, 최고의 시설 혹은 첨단 장비

제가 느끼기에 이런 강점들은 이미 너무 많이 사용되고 있어서 와닿는 느낌이 적습니다. 게다가 경쟁 업체에서 '돈'으로 빠르게 구비할 수 있는 내용이라 진입장벽으로 사용하기도 어렵다고 생각합니다.

둘째, 가장 저렴한 가격

우리 사업장이 정말로 가격에서 혁신을 가져다줄 수 있는 경우를 제외하고 사용하지 않습니다. 필라테스 센터라면, 내가 물려받은 건물에서 운영하는 거라 월세나 이자를 신경 쓰지 않아도 된다거나, 강사 교육 시스템이 완비되어 있어 견습을 내보내며 수업하는 경우들이 될 겁니다. 이런 확실한 원가 절감 계획이 없다면 저렴한 가격이라는 강조 포인트는 자살 행위에 가깝습니다. 다른 센터와 가격으로 비교되기도 쉽고, 가격을 올릴 가능성 또한 제한하기 때문입니다.

셋째, 증명되지 않은 최상급 표현의 사용

우리 사업장 마케팅을 한다고 하면 어깨에 힘이 들어가 '가장, 1등, 최고' 이런 표현을 사용하게 될지도 모릅니다. 그런데 이미 우리 고객님들은 이런 표현들에 지쳐 있을 가능성이 높습니다. '과장된 마케팅'으로 치부되기 쉽죠. 정말로 직관적으로 증명을 할 수 있지 않으면, 이런 최상급의 표현들도 자제하는 것을 추천해 드립니다.

블로그 마케팅하는 법. 우리 사업장의 소개글 쓰는 방법에 대해서 디테일하게 알려드렸습니다. 사업주 소개와 함께 이 글은 사람들에게 정보와 신뢰감을 줌으로써 결정적으로 연락을 오게 만드는 역할을 합니다. 사업장의 본질이 강하면 강할수록 이 글의 퀄리티도 좋아질 거예요. 하지만, 본질이 약하다고 해도 너무 걱정하지 마세요. 우리 경쟁자들의 대다수는 이런 글을 쓸 생각조차 못하고 있으니까요.

글 유형 3.
상품 소개글

　사업주분들은 매일 같이 사업장에 출근하면서 '어떻게 하면 더 좋은 성과를 내지?'라는 고민을 밥 먹듯이 하고 계실 겁니다. 저도 필라테스 센터를 운영하는 입장에서는 여러분들과 똑같이 이런 고민을 하고 있습니다. 이런 고민을 하는 것은 좋습니다.

　그런데, 이 고민이 깊어 질수록 우리는 지식의 저주에 걸리고 맙니다. 사업주에게는 당연한 정보이지만, 막상 고객들에게는 굉장히 낯설어서 이해하는 데 시간이 필요한 정보들이 생기죠. 심한 경우 이해를 포기하고, 선택을 하지 않기도 합니다. 이 차이가 적나라하게 드러나는 곳이 고객들이 상품을 선택하는 곳입니다.

　필라테스 센터를 예시로 들어보면요. 필라테스 센터에서 제공하는 회원권은 크게 1:1 개인 수업과 그룹 수업으로 나뉩니다. 그리고 결제하는 개월 수가 길어질수록 할인이 적용되어 회당 단가는 저렴한 회원권을 결제하실 수 있죠. 필라테스 센터를 운영하는 입장에서는 너무나 당연한 정보입니다.

하지만, 필라테스가 처음인 사람은 이 정보조차 알지 못합니다. 그래서 보통은 상담하는 자리에서 하나하나 설명하는 시간을 가지게 되죠. 그런데, 이런 정보가 너무 많아 버리면 고객들은 '조금 더 생각해 보고 올게요'라고 자리를 뜰 가능성이 높아집니다. 공손한 거절의 뜻일 수도 있지만, 정말로 정보를 소화할 시간이 필요할 수도 있습니다. 돈을 쓰는 일에는 고통이 따르고, 호구가 되기 싫은 마음은 당연하니까요.

그래서, 우리 사업장에는 우리가 판매하는 '상품을 소개하는' 글이 꼭 필요합니다. 우리가 제공하는 상품의 기획 의도를 밝히고, 제공하고 있는 상품을 모두 간결하게 열거하는 형태로 작성되어있는 글입니다. 설명이 곁들여진 메뉴판이라고도 볼 수 있습니다. 글의 전체적인 구조는 아래와 같습니다.

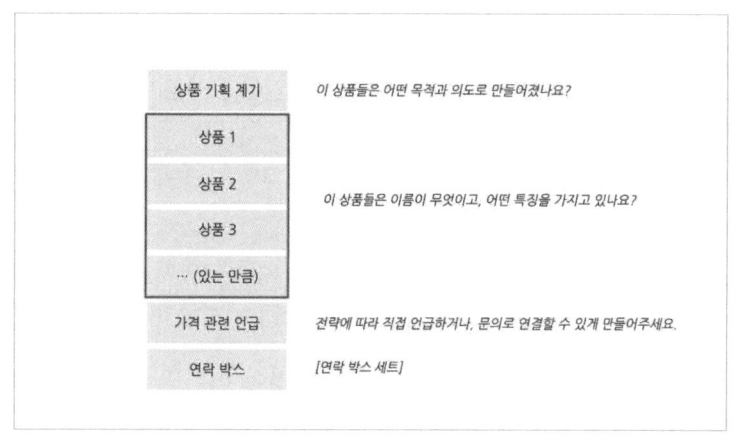

제가 운영하는 센터를 예시로 설명해 드릴게요.

1. 상품 기획 계기

서론입니다. 어떤 목적과 의도로 만들어졌는지 작성해 주세요. 우리가 사업을 하는 이유와도 맞닿아 있을 겁니다.

제가 운영하는 센터는 정말로 원장님(와이프)이 '이 좋은 운동을 나누고 싶다.'라는 이유로 이런 센터를 운영하고 있습니다. 이 이야기를 써주었죠. 이 이후에는 여러분들이 선택할 수 있는 회원권은 아래와 같다는 형태로 글을 전개하고 있습니다.

> 이 좋은 필라테스를 많은 사람들에게 나누고 싶어요.
>
> 저도 허리를 다쳐 시작한 운동이거든요.
>
> 안녕하세요? 저는 ░░░░░░░░░ 원장입니다.
>
> 저는 필라테스에 진심입니다. 정말로 좋은 운동이라고 생각해요. 특히 핸드폰 많이 보고, 한 자리에 오래 앉아 있는 사람들에게 꼭 필요한 운동이라고 생각합니다.
>
> 왜냐하면? 지도 허리를 다쳐서 필라테스를 시작했고, 정상 생활로 돌아오는 데 큰 도움을 받았기 때문입니다. 또 임신과 출산을 하면서도 많은 도움을 받았죠.

2. 상품 종류 설명

상품 종류들을 하나씩 열거해서 작성해 주세요. 열거하는 순서는 전략적으로 다르게 짤 수 있을 겁니다. 판매가 많이 이루어지는 것을 위주로 먼저 보여주는 것도 좋고, 혹은 내가 팔고 싶은 것들이거나, 가격을 제시한다면 비싼 순서대로 보여주는 것도 좋습니다. 그렇게 사업장에서 제공하고 있는 모든 상품을 한 글에 다뤄줍니다.

이 글에서 중요한 점은 여러 상품을 한눈에 놓고 비교할 수 있

> **6:1 그룹 정규**
>
> ▢▢▢▢에서, 회원님들이 꾸준히 운동할 수 있는 핵심 상품입니다. 그룹 수업은 요일마다 다르지만, 오전 8시부터 밤 10시반까지 수업이 진행되고 있습니다.
>
> 그 전주 토요일에 원하시는 시간에 예약해서 운동하러 오실 수 있습니다.
>
> >>>> 참고: 아침부터 결심히 운동하시는 그룹 회원님들
>
> **6:1 한 달 횟수 무제한**
>
> 강도 높은 필라테스를 하고 싶으신 분들께 추천드리는 상품입니다. 주 5일 혹은 하루에 두 번도 수업에 참여 가능합니다.

도록, 비슷한 분량으로 간략하게 작성해 주는 것입니다. 혹시 한 상품의 분량이 너무 길어지고 복잡해진다면, 차라리 별도의 글을 만들어 링크로 제시해 주는 것도 좋습니다.

추가로 키즈 필라테스나, 임산부 필라테스 같이 테마가 잡혀있는 수업들도 있다면 같은 방식으로 이 글에 정리해 줍니다.

3. 가격 공개

가격 공개에 대해서는 깊은 고민이 필요합니다. 저는 가급적

가격을 공개하지 않는 것을 추천해 드려요. 저와 생각이 다르지 않다면, 여러분들도 다른 곳보다 가격을 더 많이 받고 싶으실 텐데요, 가격을 공개해 두면 이 가격 이상으로는 올리기가 쉽지 않게 됩니다. 또, 공개된 가격으로 다른 센터들과 단순 가격으로만 비교되기도 쉽습니다.

    그래서 오히려 고객들이 '어? 이 정도 가격이면 괜찮네?'라고 생각할 수 있는 수준으로만 공개합니다. 그렇게 문의 연락이 오

> 그리고, 아마 여기까지 읽으시면서 가격이 얼마지? 라는생각이 드셨을 것 같습니다.
>
> **6:1 그룹수업**
> **월 7.9만원 ~**
> • 상세 내용은 상담 문의 부탁드립니다. •
>
> **1:1 개인수업**
> **월 24만원 ~**
> • 상세 내용은 상담 문의 부탁드립니다. •
>
> 이것보다 상세한 가격은 상담을 하며 이야기드리고 있습니다. 왜냐하면? 여러분들께 가장 알맞은 상품을 추천하기 때문입니다.
>
> ▇▇▇▇에서는 여러분들께 절대 선택을 강요하지 않습니다. 저는 여러분들에게 가장 필요한 상품을 만들고, 이용할 수 있게 돕는 역할을 한다고 생각하고 있어요.

고, 상담이 시작되면 이분들께 가장 적합한 회원권을 제안해 드릴 수 있으니까요.

4. 보증 내용

이 내용은 필수는 아닙니다. 하지만 회원님이 구매와 관련해 느끼는 불안감을 해결할 수 있는 전략을 사용하고 계신다면 마지막에 다루어 주시는 것도 좋습니다.

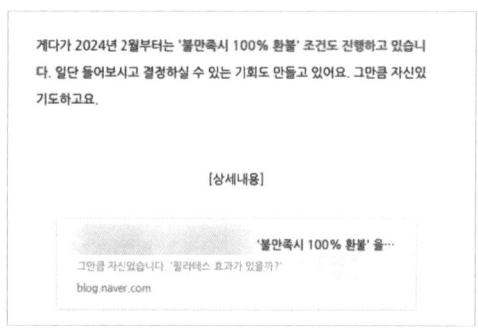

우리 센터는 불만족 시 100% 환불이라는 조건을 걸고 있습니다. 충족해야 할 기본적인 조건들이 있는데요, 이 내용은 별도의 글에서 자세하게 다루고, 링크로 연결해 두었습니다. 자세하게 알아보시는 분들이라면 이 글까지 보면, 안심하고 구매하실 수 있게 해드리는 거죠.

사람의 성향에 따라 다르겠지만, 대부분의 사람은 다른 사람 앞에서 바보같이 행동하는 것에 두려움을 느낍니다. 그래서 사전에 자기 선에서 최대한 알아보고 오시죠. 이런 상황에서 이 글을 만나게 되면 상담이 수월해지게 됩니다. 상담하기 전에 회원님 스스로 어떤 상품을 결제할지까지 생각하고 오시거든요. 적어도 '다시 생각해 보고 올게요'라는 말을 들을 가능성을 최소한으로 만들 수 있답니다.

글 유형 4. 특별 제안

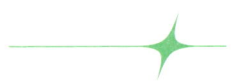

상품 소개 글 마지막에 100% 환불 조건에 대한 글이 있었습니다. 링크로 연결되어 있었죠. 이 조건처럼 사업장에서 실행하고 있는 결제 관련한 특별한 조건이 있다면, 이 또한 블로그 글로 정리해 주세요. 전체적인 그림은 아래와 같습니다.

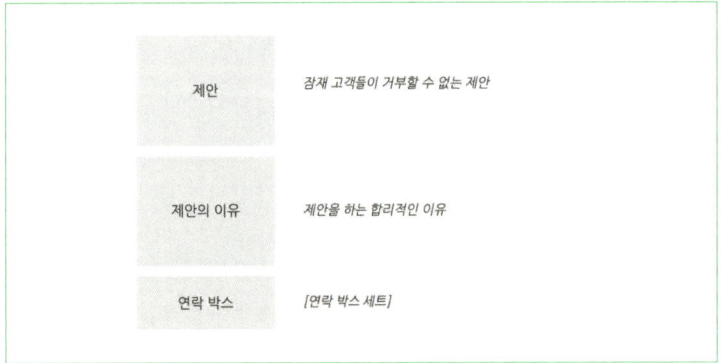

이렇게 작성해 보세요. 먼저 글의 초반부에 제안하고자 하는 내용을 바로 제시합니다. 그리고 그 제안하는 이유를 설명해 주면 끝나는 간단한 글입니다. 실제 사례를 들어서 설명해 드릴게요.

제안

불만족 시 100% 환불이라는 제안을 글의 초반부에 보여줍니다. 그리고 수업 시작일로부터 2주 내 환불 시 적용한다고 세부 조건도 이야기해 줬어요.

> 여러분들께 이 제안을 드려보려고 합니다.
>
> **"**
>
> **불만족시 100% 환불**
>
> *수업시작일로부터 2주내 환불시 적용.
>
> ---
>
> 일단 들어오시고, 운동이 만족스럽지 않으면 100% 환불을 해드리려고 합니다. 2주 안에 이야기해주시면 되는데요. 충분히 탐색해보고 고민해볼 수 있을 시간입니다.
>
> 이런 환불 정책을 진행하는 이유는?

그리고 자연스럽게 이런 제안을 진행하는 이유에 대해서 작성해 줍니다. 실제로 제가 운영하는 센터에서는 수업의 질도 자신이 있기도 했고, 운영자인 우리 스스로가 환불이 나오지 않게 더 열심히 하자라는 각오도 담겨 있는 정책이었습니다.

필라테스 센터를 알아보는데 이 글까지 보게 되었다면 상담 연락은 꼭 해보지 않을까요?

> 필라테스 등록을 두고 여러분들이 하게되실 고민들을 조금 덜어드리고 싶었습니다. 처음해보는 분들도 계실테고, 혹은 다른 센터에서 불만족스러운 경험을 했을 수도 있으실거에요.
>
> 그래서 ▮▮▮▮▮ 등록을 망설임이 있으실거라고 생각했습니다. 환불 해드리니까, 우선 등록해서 들어보세요.
>
> 이런 환불 정책을 진행하면? 스스로 동기부여도 됩니다. 결제가 되었다고, 회원님들의 관리를 허투루 할 수 없게되니까요.
>
> 이 환불 정책이 있으면, 회원님들의 운동, 나아가 생활에서 컨디션 개선이 이뤄질 수 있도록 끊임없이 고민할 수 있겠다 싶었습니다. 스스로 강제시키는 것이죠.
>
> 이것이 ▮▮▮▮▮ 가 추구하는 방향입니다. 저는 필라테스가 좋은 운동이라고 믿고 있고, 많은 사람들이 필라테스의 이점을 누렸으면 좋겠거든요.

글 유형 5.
함께 일하는 분들의
소개글 쓰기

　사업 중에는 직원과 고객들이 직접 만나는 업종들이 있습니다. 필라테스 센터에서는 강사님들이 고객들과 만나죠. PT 샵에서도 트레이너님들이 고객들과 만납니다. 학원에서도 원장님 이외 다른 선생님이 학생들과 만나는 경우도 있죠. 하고 계신 사업이 이런 특성이 있다면, 함께 일하는 분들의 소개글도 꼭 작성해 주세요.

　제가 운영하는 필라테스 센터에서는 다른 글의 조회수 대비해서 선생님들 소개글의 누적 조회수는 약 4배 정도 높게 나옵니다. 일반적인 글이 조회수 100회가 나온다고 가정한다면 400회 정도 나옵니다. 이로 미루어보아 회원님끼리 선생님에 대한 정보를 공유하거나, 혹은 자신의 지인에게 센터를 소개할 때 선생님의 소개글을 전달하지 않을까 가늠해 봅니다.

실제로 이런 사례도 있었습니다. 필라테스를 처음 하시는 회원님이셨는데요. 자신의 지인 중에 필라테스 강사님이 있으셨나 봐요. 그래서 그 지인에게 부탁해서, 회원님이 거주하시는 곳 주변의 센터 중에 괜찮은 곳을 찾아봐달라고 했었습니다. 그랬더니 우리 센터 선생님들 소개가 가장 잘되어 있어서 문의하셨고, 등록까지 이어졌답니다. 이렇게 함께 일하는 직원분들의 소개글은 신규 고객을 데려오는 역할까지 할 수 있습니다.

그런데 말이죠. 이 글들이 보통은 단순하게 프로필에서 끝나

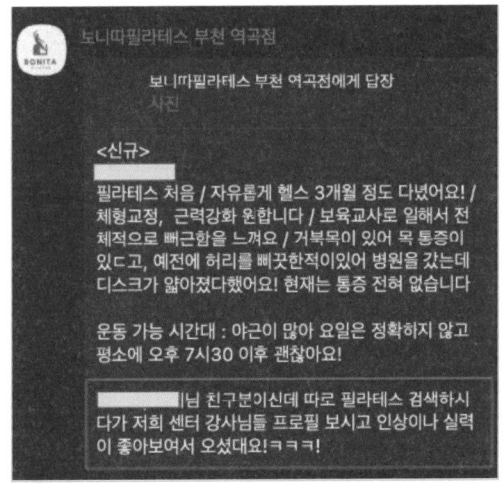

는 경우들이 많습니다. 자격, 경력 사항들이 나열된 단순한 이미지 하나에서 끝나는 경우도 많고요, 크게 눈에 들어오지 않는 내용들로 가득한 글이 되는 경우도 많습니다.

이렇게 작성해 보세요. 큰 그림부터 설명해 드립니다. 먼저 직원분이 이 일을 하는 '마음가짐'을 담은 인용구로 시작해서, 이 일을 하게 된 계기, 지금 하고 있는 일, 그리고 직원분 사진 순으로 나열해서 작성하면 됩니다. 하나하나 설명해 드릴게요.

한 마디	[선생님의 마음가짐을 담은 한 마디]
계기 (과거)	이 선생님은 과거의 어떤 경험 때문에 필라테스를 하게 됐나요?
지금하는 일 (현재)	이 선생님은 어떤 마음가짐으로 수업에 임하고 있나요?
선생님 사진	[과한 노출이 없는 프로필, 혹은 운동 하는 사진]
연락 박스	[연락 박스 세트]

0. 인터뷰

이 글을 준비하기 위해서는 우선 직원분들과 인터뷰를 진행해야 합니다. 이력서 뒤에 숨겨진, 이 일을 하는 진짜 이유에 관해서 물어봐야 하거든요. 다른 글에서 알려드린 사업주 소개와 비슷하지만, 간소화된 형태로 작성합니다.

특히, '이 일을 어떻게 하게 되었는지?' '요즘 어떤 생각으로 고객분들(회원님들)과 만나는지?' 이 두 질문은 꼭 물어보세요. 저는 보통 15분 정도 전화로 이야기 나누면서 인터뷰를 진행합니다. 이제 본격적으로 작성을 시작해 볼게요.

1. 한마디

글의 첫 부분. 눈길을 끌기 위해 저는 주로 선생님이 어떤 생각으로 이 일에 임하는지, 한 마디를 인용해서 글을 시작합니다. 실제로 직원분들과 이야기를 나눠보시면 같은 일을 해서 같은 생각

> ❝
> 필라테스 하면서 몸이 좋아졌어요. 그래서 나누고 싶습니다.
> 　　선생님의 말

올해 3월부터 ▢▢ 필라테스에 합류하신 ▢▢ 선생님의 말입니다. 사실... 저도 같은 말을 달고 살기는 합니다. 그리고 우리 센터의 다른 선생님들도 하나같이 이야기해요.

'이 좋은 운동을 알리고 싶다.'

을 하고 있을 것 같지만, 정말 다른 생각들을 가지고 일하고 있다는 사실도 아시게 될 거예요. 그 내용을 작성해 주는 겁니다.

2. 이 일을 하게 된 계기

직원분이 이 일을 하게 된 계기를 써주세요. 과거에는 어떤 일을 했고, 어떤 계기로 이 일을 하게 되었는지 작성해 주시면 됩니다. 이때 이와 관련된 옛날 사진도 포함해 주시면 좋습니다.

> 단순히 돈을 벌기 위한 직업이 아니었습니다.
>
> 정말로 아이들이 좋았고, 돌보는 아이들 모두에게 관심을 쏟았죠. 그냥 하는 말이 아니라, 정. 말. 로. 아이들의 눈높이에서 일을 합니다.
>
> .아이를 안기 위해 허리를 숙인다거나,
>
> .아이들이 놀이를 할 때, 돌발 상황을 대비해서 무릎 꿇고 안는다던가,
>
> .아이 식사와 간식을 챙길 때도 구부정하게 몸을 사용해야 했죠.
>
> 이외에도 아이를 돌보기 위해 어른들이 몸을 굽혀야 하는 상황이 많습니다. (엄마들은 100% 공감하실 거예요.) 이런 생활이 반복되니, 생각보다 몸이 빨리 망가지는 것을 느꼈다고 해요.
>
> 특히, 병원에서 '무릎 관절은 벌써 50대 시네요. 조심하셔야 해요'라는 이야기까지 듣고 충격을 받았다고 합니다.

윗글은 어린이집 교사를 하다가 필라테스 강사가 되신 선생님의 소개 글입니다. 참고해 보세요.

3. 현재 하는 일

현재 하는 일에 대해서 써주세요. 이 사업장에서 하는 역할에 관한 내용일 겁니다. 그리고 어떤 마음가짐으로 이 일에 임하고 있는지도 덧붙여 주시면 됩니다.

> "
> 악순환에서 벗어나기로 했어요. 그래서 이 자리까지 오게 되었습니다.
>
> ---
>
> 악순환에서 벗어나기 위해, ▮▮▮ 선생님은 필라테스 선생님이 되기로 결심합니다. 그래서 정식 훈련 과정을 거쳐 자격증을 따고, ▮▮▮ 에 3월부터 합류하게 되었어요.
>
> 아직 한 달 밖에 지나지 않았는데, 회원님들과 같이 이야기하고 좋은 에너지 나눠갖는 지금이 참 좋다고 합니다.
>
> 벌써부터 이렇게 챙김을 받기도 하니, 참 감사하다고.

4. 선생님 사진

글의 마지막 부분에는 직원분의 사진을 넣습니다. 저는 2가지를 넣고 있는데요. 첫 번째는 선생님이 운동하는 사진, 혹은 단정하게 운동복을 입은 사진을 사용하고 있습니다. 이 사진을 대표사진으로 설정해서 섬네일로 사용합니다. 두 번째 사진은 센터에 개시해 두는 프로필 이미지를 넣어둡니다. 여기에 경력과 자격사항들이 있으니까요.

이렇게 직원분들의 스토리를 담은 글이 단순히 경력 & 자격 사항만 나열한 글보다는 조금 더 눈길이 가고, 기억할 가능성이 높습니다. 적어도 이 직원이 이전에 어떤 일을 했었는지는 머리에 남을 거예요. 이 장을 마치기 전에 깨알 팁들도 알려드릴게요.

팁 첫째, 이 소개글에서 말하는 사람은 여전히 동일하게 사업주입니다. 사업주가 이 직원을 고객에게 소개하는 방식으로 작성해주세요. 가끔 이 글을 직원분들께 맡겨서 숙제하듯이 쓰게 오라고 하시는 분들이 있습니다. 이런 경우 높은 확률로 말투도 다르고, 형식도 다르고, 내용도 가지각색으로 구성해 올 거예요.

사업주가 직원을 고객에게 소개하는 방식으로 작성하면, 블로그의 전체적인 일관성을 유지할 수 있게 됩니다. 확실히 '사업주가 직접 관리하는 블로그'라는 이미지를 심어줄 수 있습니다.

팁 둘째, 직원을 지칭하는 표현도 신경 써 주세요. 고객들이 이 직원을 어떻게 부르는지 관찰하시고 그 표현을 써주세요. 제가 운영하는 필라테스 센터들에서 강사님들은 '00 쌤'으로 불립니다. '쌤'은 조금 격식 없다는 생각이 들어서 '선생님'으로 표기하고 있습니다.

그때 알게 된 건데 원장님 입장에서는 '강사'라는 호칭을 많이 쓰는 것 같고, 고객 입장에서는 '선생님'이라는 호칭을 쓰더라고요. 이렇게 단어를 두고도 고객 관점을 실현할 수 있답니다.

팁 셋째, 운동 센터의 경우, 직원분들의 사진들에 과도한 신체 노출이 있는 경우가 있습니다. 이 사진을 사용할 때는 '우리 센터가 다이어트에 특화되어 있나?'를 고민해 보시고 사려 깊게 사용하시는 것을 제안해 드립니다.

소개글 쓰기가
어려운 이유

'제 소개글 써주세요.'

이 글을 쓰는 오늘 아침. 저와 함께 블로그 대행사에서 일하고 있는 직원분들께 부탁드린 내용입니다. 블로그 대행사 대표로서의 소개 글, 그리고 블로그 대행사 '모네랩' 의 소개 글이 필요했거든요. 왜냐하면 내가 스스로를 보는 모습과 제삼자가 보는 모습은 꽤 다르거든요.

여기서 앞서서 이야기해 드린 사업주님 소개, 사업장 소개, 상품 소개글 작성이 어려운 이유가 나옵니다. 자꾸만 나 스스로가 생각하는 나의 강점을 쓰기 쉽습니다.

아마 막상 소개글을 쓰라고 하면, 이런 두 가지 방향의 어려움들에 직면합니다. 첫 번째는 '잘 모르겠다'라는 반응입니다. 아래와 같은 질문들이 떠오르는 경우라고 볼 수 있습니다.

'어떤 내용을 써야 할지 모르겠어.'
'이것밖에 안 떠올라, 에라 모르겠다.'
'내가 이걸 진짜 잘하는 건가?'

이런 경우에 드리고 싶은 조언은 "여러분들이 당연하다고 생각하는 것부터 차근차근 작성해 보세요."입니다. 우리가 각자 다른 외모와 성격을 가졌듯이, 같은 사업을 운영하더라도 시작하게 된 계기나 운영 철학들은 모두 다릅니다. 마음 한편에 분명히 존재하지만, '다들 이 정도는 할 거야'라는 수줍은 마음 때문에 끄집어내지 않으시죠. 하지만 편한 사람들과 편하게 이야기 나누다 보면 이야기가 술술 나올 겁니다. 이렇게 나오는 내용들을 차근차근 글로 써주세요.

두 번째 반응은 '난 이런 걸 너무 잘해'라고 생각하는 것입니다. 첫 번째와는 정반대로 자신감이 넘치는 경우죠.

'나는 이런 걸 잘해'
'우리 사업장은 이런저런 것을 갖춰 놨어.'

'고객들에게 할 이야기가 너무 많아'

위 질문들은 표면적으로 봤을 때는 크게 문제가 없어 보입니다. 그런데 이 생각들이 과해졌을 때 문제가 생깁니다. 고객들이 원하는 이야기를 들려주지 않고, 자기가 하고 싶은 말만 하는 글을 쓰게 되거든요. 자기 말만 하는 사람들이 매력이 없죠? 글에서도 마찬가지입니다. 또, 너무 비대해진 자신감은 우리 고객들이 우리 사업장에 진정으로 원하는 것과는 사뭇 다른 이야기들을 하기 쉽게 만듭니다.

조금 더 예를 들어 설명해 보겠습니다. 어떤 필라테스 원장님이 있다고 해요. 그런데 정말 이 운동에 진심이고, 에너지가 넘치고, 함께 있으면 기운 나는 그런 분이셨어요. 수업도 정말 그렇게 하고요. 그런데 필라테스 자체에도 진심 이셔서, 센터의 기구들도 비싼 것들로 구비해 두신 거에요. 그리고 블로그에 센터를 소개하는 곳에 계속해서 '최고급 기구 완비'라는 이야기를 쓰시는 겁니다. 지속적으로 말이죠.

이 원장님은 블로그에 어떤 지점을 강조하는 게 좋을까요? 100% 정답은 없지만, 회원님들은 기구의 퀄리티보다 원장님의 에너지 넘치는 수업에 반응할 가능성이 더 높다고 생각합니다.

이런 현상들을 자주 보면서 '나의 이야기를 들려주는 것과 고객들이 원하는 이야기를 들려주는 것' 사이에 역설이 있다는 것을 알게 되었습니다. 나의 이야기를 들려준다고 하면 나에게 집중해야 하지만, 또 동시에 고객들이 원하는 이야기를 하려면 고객에게 집중해야 하는 이도 저도 아닌 상황인 거죠.

그래서 소개글 쓰기가 어려운 작업이 됩니다. 누군가는 고객들의 관점을 너무 신경 쓰기 때문에 나의 이야기가 나오지 않고, 반대로 누군가는 나의 이야기를 들려주는 것을 너무 좋아하기 때문에 고객들의 관점이 뒷전이 되어버려요. 그렇다면 이 어려운 작업을 어떻게 해낼 수 있을까요?

이 상황에서 균형을 잡는 가장 좋은 방법은 **다른 사람과의 대화입니다.** 다른 사람이 봤을 때 나의 장단점, 나아가 사업장의 장단점을 이야기 나눠보는 것이죠.

제가 필라테스 센터를 운영하면서 처음 블로그를 쓰기 시작했을 때, 원장님(와이프)과 많은 이야기를 나눴다고 이야기해 드렸었죠. 와이프가 필라테스를 시작하게 된 이야기부터, 센터에서 일어난 거의 모든 이야기를 나눴죠. 어쩌면 부부가 나누는 시시콜콜한 생활 이야기일지도 모릅니다. 하지만, 이 속에서 가치 있는 이야기들을 뽑아낼 수 있었어요. 고객들은 어떤 부분을 좋아하고, 어떤 부분을 신경 쓰지 않는지 알게 되었거든요.

이 방식은 여러분들도 사용하실 수 있을 거예요. 배우자가 될 수 있고, 편하게 이야기 나눌 수 있는 지인들도 좋습니다. 혹은 우리 사업장을 찾아오는 고객들과 이야기를 나누면서 이것저것 테스트를 해볼 수도 있을 거예요. 이런 대화들 속에서 아래와 같은 내용들을 살펴보세요.

- **나는 어떤 사람이고, 어떤 장단점이 있는지.**
- **사업장은 어떻게 운영되고 있고, 어떤 장단점이 있는지.**
- **내가 기획한 상품들은 사람들에게 어떻게 사용되고 있는지.**

이런 대화는 생산적이기도 하고, 즐거운 경험도 됩니다. 제가 해봤으니까 확실하게 이야기해 드릴 수 있어요. 진지하게, 하지만 편안하게. 사람들과 이런 이야기를 나눠보세요.

글 유형 6. 고객 이야기

'고객들의 사진 하나씩만 딱 올리고 있다면?
큰 기회를 놓치고 있는 겁니다.'

고객 사례를 블로그에 올려놓는 것은 중요합니다. 그 사람과 비슷한 조건에 처해있는 다른 고객들이 봤을 때 '아? 나도 할 수 있겠는데?'라는 느낌을 주거든요. 이 글의 중요성에 대해서는 어느 정도는 아실 거예요. 그렇지만 대부분 이렇게 하십니다.

- 운동 센터(필라테스, PT 샵)에서는 비포&애프터 사진에 약간의 내용만 넣어놓는다.
- 학원에서는 아이들의 성적표나 대회 수상 상장, 혹은 OO 대학교 합격증을 올려놓고 맙니다.
- 심지어는 고객들의 사례에 대해서 중요성을 느끼시지 못하고 없는

경우도 있죠.

이것보다 훨씬 더 잘할 수 있습니다. 이 글에서 어떻게 할 수 있는지 알려드릴게요. 먼저 큰 틀부터 보여드립니다.

주인공은 누구?	어떤 배경을 가진 사람인지 확정
겪고 있는 어려움	주인공이 가지고 있는 고난, 어려움 등
해결	우리 사업장은 해결의 조력자
좋은 결말	이 과정에서 느낀 점
연락 박스	[연락 박스 세트]

이 고객이 누구인지 캐릭터를 만들고, 그 사람이 겪었던 어려움을 이야기하고, 그 어려움을 우리 사업장이 어떻게 해결해 줬는지 알려줍니다. 그리고 그 과정에서 느낀 점이나 앞으로의 기대를 이야기하면 끝나는 글입니다. 제 사업장 블로그를 예시로 하나씩 설명해 드릴게요.

1. 주인공은 누구?

이 글의 시작은 어떤 고객인지에 관한 이야기로 시작합니다. 우리 사업장을 찾아주는 고객들이 어떤 사람인지 구체적으로 작성해 주세요. 물론, 신상이 드러나도록 쓰라는 것은 아닙니다. 남자인지 여자인지, 나이대가 어떻게 되는지, 어떤 직업 혹은 취미를 가졌는지 배경을 작성해 주는 거죠.

고객에게 동의를 구해 사진을 첨부하는 것도 좋습니다. 다만, 이럴 수 있는 고객들이 많지는 않을 거예요. 그렇다면 충분히 묘사를 해주는 것만으로도 충분합니다.

이 글은 자전거 라이딩을 좋아하는 회원님의 실제 사례였어요. 어떤 어려움이 있어서 우리 센터를 찾아왔는지까지 이야기를 해두었죠.

> 운동을 너무 좋아하시는 회원님. 특히 자전거에 취미가 있으신 분이셨어요. 자전거를 오래타다보니, 무릎이 않좋아져 수술까지 하게 되셨다고 합니다. 아이고 ..
>
> 주위에서 필라테스가 좋다는 말을 듣고, 살고 계시는　　　인근으로 필라테스 센터를 알아보셨다고해요.
>
> 그렇게　　　　　　와 인연을 맺게 되셨습니다.

2. 겪고 있는 어려움

그다음에는 고객들이 겪고 있는 어려움에 대해 묘사해 주세요. 어떤 어려움이 있어서 우리 사업장을 찾아왔는지 작성해 주는 겁니다. 위 사례에서는 자전거를 너무 오래 타는 바람에 무릎 상태가 좋아지지 않았다는 내용이 나오죠. 이런 방식으로 서술해 주시면 됩니다.

3. 해결

우리 사업장이 고객의 어떤 문제를 해결해 줄 수 있는지 이야기합니다. 문제 해결을 위한 계획이나 전략을 작성해 주서도 좋습니다. 또, 전문적인 지식이 있다면 그 내용을 살짝 넣어 이야기해 주시는 것도 좋아요.

이 지점에서 당부드리고 싶은 것은, 전문 용어는 되도록 사용하지 않는 것이 좋다는 점입니다. 만약 어려운 단어로 시선을 끌고 싶다면, 딱 한 단어 정도만 사용해 주세요. 그리고 그 한 단어에 대해서 충분히 설명해 주셔야 합니다.

제 경험상 어려운 단어가 세 가지 정도만 되어도 그 단어들을 설명하느라 글이 지루해졌습니다. 어린아이들도 읽고 이해할 수 있도록 쉽게 써주세요. 진정한 고수는 말도 쉽게 하는 법이랍니다.

4. 좋은 결말

마지막에는 이 고객의 문제를 해결한 후, 앞으로 어떻게 될지에 대한 이야기를 하면 됩니다.

> 흔히들 '나이가 들면 그냥 몸이 아픈거다' 라고 생각하세요. 일반적으로는 맞는 이야기이기도 합니다....만? 운동을 통해서 개설 할 수 있는 부분도 많습니다.
>
> 정확히 이야기하면, 나이가 들면서 사용하는 근육은 더 많이 사용하게 되고, 사용하지 않는 근육은 약해져서, 통증이 발생하는 경우가 많습니다. 많이 사용한 근육들은 스트레칭과 마사지로 풀어주고, 약해진 근육들은 사용해서 강해가 만들어주면?
>
> 나이에 비해 통증 없는, 활기찬 생활을 할 수 있게 된답니다.
>
> ○○○○○○에서는 이런 운동을 제공해드리고 있는거에요. 이렇게 몸이 좋아졌다는 회원님들의 이야기를 들으면 참 뿌듯하답니다. ^^

만약에 비포&에프터 사진을 첨부할 수 있을 정도로 오랫동안 운동을 했고, 성과가 나왔다면 결말에 '이렇게 되었습니다'라고 보여주는 것도 좋아요. 완벽한 결말이겠죠. 하지만, 이 정도로 진행이 되지 않았다고 하더라도, '앞으로 더 좋아질 것입니다'라는 수준으로 제시를 해주셔도 좋습니다. 그리고 나중에 정말로 성과가 나오면 그때 또 다른 글로도 사용할 수 있겠죠.

이렇게 이미 우리 사업장을 이용한 고객들의 사례를 써보세요. 이 고객과 같은 어려움을 가지고 있는 사람들이 연락이 올 겁니다. 자신과 비슷한 사람도 하고 있고, 도움을 받고 있다는 사실을 알게 되면 '나도 할 수 있겠네'라는 적극적인 생각이 들거든요.

글 유형 7.
고객들과 유대감 만들기

'사업주도 고객과 같은 사람이니까요.'

사업주님 스스로가 자신의 문제를 해결하기 위해서 사업을 시작한 경우가 있습니다. 저도 그렇습니다. 적자가 나던 필라테스 센터를 살리기 위해 제가 스스로 블로그 마케팅을 배웠고, 그 경험을 바탕으로 블로그 마케팅 대행사 사업으로, 그리고 지금 이렇게 여러분들에게 마케팅 이야기를 하고 있으니까요.

이외에도, 자기가 몸이 좋지 않아 필라테스를 시작했고, 그러다 센터까지 하게 된 경우. 이런저런 사업을 알아보다가 '세무사'의 중요함을 알게 되어, 정말로 자기가 세무사 자격증을 따고 세무법인을 운영하는 경우. 또, 자기 아이의 영어 학습을 위해, 영어유치원 알아보다가 자기가 직접 운영해 버리게 된 경우까지.

위 사례들은 제가 대행을 맡고 있는 광고주님의 실제 이야기이기도 합니다. 그리고 이 글을 보는 여러분들도 이런 계기로 지금 하고 있는 사업을 하고 있으실지도 모릅니다.

이런 소재들이 있다면, 여러분의 이야기를 살짝 과할 정도로 작성해 주세요. 고객과 유대감을 끈끈하게 형성할 수 있습니다. 이는 곧 구매로 이어지죠. 어떻게 쓰면 좋은지 조금 더 구체적으로 알려드릴게요. 언제나 그렇듯 큰 그림부터 알려드립니다.

1. 사업주의 경험

가장 먼저 사업주님의 실제 경험을 써주세요. 그리고 그 경험을 느꼈을 때 드는 감정들을 솔직하게 이야기해 주세요. 보통 이

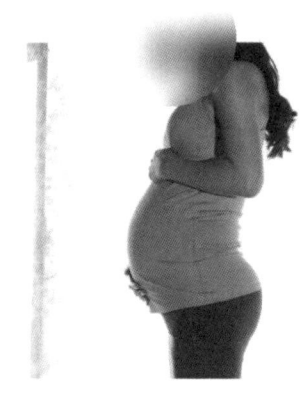

런 경우 사업주님이 겪었던 문제들을 다루기 때문에, 부정적인 감정을 먼저 다루게 될 거예요. '우울했다.' '힘들었다.' '절망적이다.' '무섭다.' 이런 감정들이요. 이런 감정까지 담아서 솔직하게 작성해 줍니다.

사례로 보여드린 윗글은, 임산부 필라테스를 홍보하기 위한 글입니다. 그리고 우리 센터 원장님(와이프)은 임산과 출산의 경험이 있었죠. 그때 느끼는 감정을 솔직하게 적어준 것입니다.

2. 해결 방식

이 문제에 대해 사업주님이 그때 당시에 어떻게 해결했는지 작성해 줍니다. 이 해결 방식이 지금 하고 있는 사업과 맞닿아 있어야 합니다.

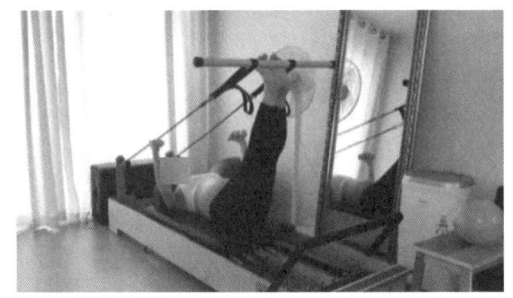

임산 ~ 출산 후 100일까지. 실제로 와이프는 집에 필라테스 기구(리포머)를 하나 사서 스스로 운동하고 관리를 했었습니다. 그때는 저희가 센터를 운영하지 않던 시절이어서 아무래도 환경이 열악했죠. 덕분에 오히려 신뢰감을 줄 수 있습니다.

추가로 이때 느낀 점들을 써준다면 더 좋겠죠. 위 이야기는 어디서 긁어온 이야기가 아니라, 실제로 와이프가 경험한 장점들이었습니다.

이렇게 관리를 하니 확실히 좋더라구요.

1. 근력과 유연성이 개선되자 몸의 불편한 통증들이 줄어들었습니다. 배가 불러오니까 몸도 무거워지고, 움직임이 부자연스러운 부분이 있었는데 많이 좋아졌었어요.

2. 출산 시 호흡법을 익히는데 도움이 되었습니다. 필라테스에서는 운동 시에 호흡을 매우 강조하는데요, 자연분만을 고려하시는 경우, 아이가 나오는 시점에 호흡법 감잡는데 도움을 받았습니다.

3. 다행히 우울증을 피해갈 수 있었습니다. 임신 중에는 호르몬의 변화 때문에 우울증이 올 수 있다는데... 저는 다행히 이런 증상이 약했습니다. 사람마다 다르다고 하는데, 저는 운동도 크게 도움이 된 것 같아요.

그리고 출산 후에도 관리를 꾸준해서, 지금은 출산 전의 모습으로 잘 돌아왔습니다. (쉽진 않았습니다만, 해냈습니다.)

3. 제안

글의 마지막에는 우리가 도와 줄 수 있다는 내용으로 마무리합니다. 같은 어려움을 가지고 있다면, 누구보다 여러분의 어려움을 잘 알고 있으니 도와줄 수 있다는 형태로 이야기를 작성해야죠.

임신 중이시라면? 운동은 꼭 하세요.

여자 분들 중에는 평소에 운동을 전혀 하지 않는 분들이 있습니다. 이 글을 읽고 있는 여러분이 이런 케이스라면? 그리고 임신을 했다면? 나를 위해서, 그리고 아이를 위해서 운동은 꼭 하세요.

필라테스가 아니어도 좋습니다. 동네 산책도 좋죠. (저는 역곡공원 산책을 참 좋아했습니다.) 운동을 통해서 좋은 몸 상태를 만들어야, 임신 과정도 수월해 집니다.

제가 운영하는 필라테스 센터에 굳이 오시지 않으셔도 좋습니다. 요즘 유튜브가 잘 되어 있어, 조금만 찾아보시면 시기별로 하면 좋은 운동들을 배우고 실행하실 수 있을거에요.

위 사례를 보시면 '내가 아니어도 괜찮다,' '도움이 필요하면 연락 달라'라는 형태로 글을 작성하고 있습니다. 실제로도 이렇게 생각하고 있어요.

> **그럼에도 도움이 필요하시다면?**
>
> "꾸준히 운동하기가 어렵다." "영상을 봐도 이해가 안된다." "제대로 하고 있는건지 잘 모르겠다." 이런 어려움을 겪고 계시다면? 제가 운영하고 있는 ▇▇▇▇ 으로 와서 이야기 나눠봐요.
>
> 💬 궁금할 땐 네이버 톡톡하세요!

이 글을 이렇게만 보면 쉽게 쓰였다고 생각하실지도 모르겠습니다. '그냥 내 경험을 쓰면 되는구나'라고 쉽게 생각하실 수도 있어요. 하지만, 이 글을 쓰기 위해 와이프는 임신 했을 때의 예쁘지 않은 모습을 공개해야 했습니다. 또 그때 당시에 느꼈던 감정들을 그대로 드러내야 했죠.

SNS에 자기 이야기를 공개하기 꺼리는 사람이라면 '이런 것까지 써야 해?'라는 생각을 하실지도 모릅니다. 하지만, **이 정도로 살짝 과하게 공개하는 것이 좋습니다.** 제가 운영하는 필라테스 센터에서는 회원님들이 '원장님 글에서 진정성이 느껴져서 왔어요'라는 말을 자주 듣습니다. 이 진정성의 진짜 모습은 '살짝 과한 내 이야기 노출'입니다.

글 유형 8. 가족 이야기

'사적인 이야기는 좋은 양념이 됩니다.'

우리는 친구들과 비밀을 공유했을 때 더 친한 사이가 되기도 합니다. 비록 비밀이 얼마나 유지될지는 모르지만요. 고객들과 더 친근한 사이가 되기 위해, 비밀스러운 이야기를 써보세요. 가장 좋은 소재는 '가족 이야기'이지 않을까 싶습니다. 물론, 가족사를 구구절절 쓰라는 것은 아닙니다. 우리 사업장에서 가져가고 싶은 느낌과 관련된 가족사를 쓰는 것이 좋아요. 예를 들어 이런 것들입니다.

사례 1. 국제학교 다니고 있는 아이를 둔 영어유치원 원장님
정말로 자기 아들의 영어를 가르치기 위해서 영어유치원을 운영하는 원장님이 계셨습니다. 그 아들은 어느덧 성장해서 국제학교로 초등학교를 진학하게 되었죠. 이 상황에서 국제학교에서의 잔잔한 생활을 블로그에 써주는 겁니다.

이런 이야기가 있다면 은연중에 '우리 아이도 이 영어 학원에 보내면 영어를 잘할 수 있겠구나' 하는 생각을 자연스럽게 유도할 수 있습니다.

사례 2. 30년 경력의 세무사 아버지와 함께 일하는 30대 세무사

아버지와 함께 세무법인을 운영하는 30대 세무사님이 있으셨습니다. 아버지는 이 분야에서 일을 한지 30년이 넘으셨죠. 이분은 IMF나 미국발 금융위기 같은 굵직굵직한 경제 위기를 몸으로 경험해 보신 분이었습니다.

이런 아버지와의 이야기를 풀어 놓으면 '여기 세무사는 젊기는 하지만 아버지의 관점을 빌려올 수 있겠구나'라는 생각을 하게끔 유도할 수 있습니다.

사례 3. 어디가 자꾸만 아프다고 징징대는 남편을 둔 필라테스 센터 원장

일반 회사에 다니는 남편을 둔 필라테스 원장님이 있었습니다. 남편은 허구한 날 '허리 아프다, 어깨 결린다'라는 말을 달고 살았죠. 아마 대부분의 필라테스 센터 원장님의 남편분들도 이러실 겁니다. 답답한 원장님은 남편을 자기가 운영하는 필라테스 센터의 다른 선생님에게 수업을 듣게 만듭니다.

이런 부부 이야기를 풀어 놓으면, '여기 원장은 자기 남편을 보낼 정도로, 진심으로 운영하는구나'라는 생각을 할 수 있게 도와줄 수 있을 겁니다.

사실 사례 3은 제가 회사 다니던 시절, 와이프가 제게 실제로 했던 조치입니다. 그래서 이런 유형의 글이 나오게 된 건데요. 이 글을 쓴 방법도 알려드리겠습니다.

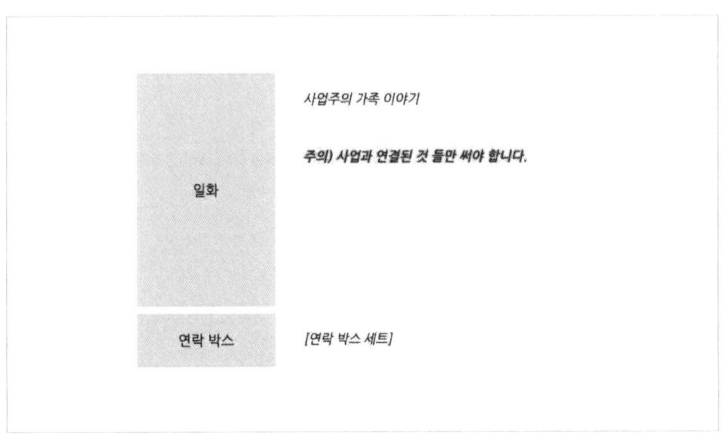

사업과 관련된 가족의 이야기를 가볍게 써주세요. 마케팅 목

적으로 블로그 글을 쓰기보다는 정말로 친한 친구에게 있었던 일을 재밌게 얘기하는 생각으로 글을 써보세요. 간단한 글이기 때문에 다른 글보다 짧을 수도 있습니다. 그래도 괜찮습니다. 우리 사업장을 찾아주시는 분들께 사업주의 진짜 모습을 보여주는 것이 목적이니까요.

  아래 글은 제가 센터 일을 하기 전에(와이프 혼자 센터를 돌보던 시간이 조금 있었습니다.) 실제로 있었던 일을 쓴 내용입니다. 어깨 결림과 허리 통증을 달고 살았는데, 필라테스하면서 아주 좋아졌죠.

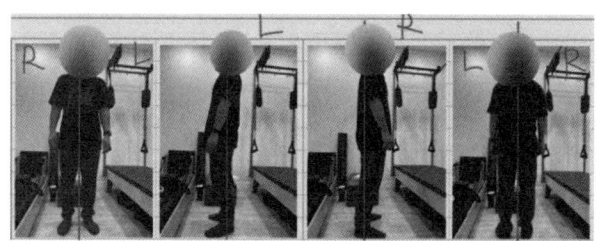

건강이 최고입니다. 다 아시죠? 필라테스 센터를 꾸준히 나오시는 분들이라면 이 정도는 다 알고 계십니다.

그런데, 나는 건강이 최고라고 생각하는데, 내 소중한 가족들은 그렇지 않을 수 있죠. 특히, 내가 걱정되서 평소에 관리를 하라고 하면, 잔소리라고 생각하는 남의편 같은 사람들요.

저희 남편도 사무직이라 허리와 어깨 통증을 달고 다닌답니다. 운동을 하라고해도 그렇게 안하더니,,, 더 이상 안되겠다 싶어서 우리 센터로 보내버렸습니다. (ㅋㅋㅋ)

피해갈 수 없는 체형측정

첫 수업 날 직후, 제가 어땠냐고 물어봤습니다. 그랬더니 돌아오는 대답.

> 오 좋았어. 하고나니까 개운하더라고. 하루 종일 컨디션이 좋았어.
>
> 헬스랑은 진짜 느낌이 많이 다르네. 헬스하면 큰 근육이 불끈불끈한 느낌이 있는데, 필라테스는 오히려 아픈 곳이 풀리는 느낌이야.
>
> 진짜 좋은 운동이네.

그 이후로 한 달 동안 남편은 꾸준히 센터에 나가고 있습니다. (아마 아무도 못보셨을 겁니다. 앞서 말했듯이 아주 이른 시간이나 주말에 운동하고 있거든요.)

그리고 이런 소감으로 글을 마무리했습니다. 어렵지 않은 글입니다. 가벼운 마음으로 작성해 보세요. 아! 그렇다고 하더라도 노출하고 싶은 키워드는 제대로 잡아서 노출해 주세요.

글 유형 9.
소비자들의 편견을
부수는 글쓰기

'소비자들의 편견을 부수는 정보를 제공해 보세요.'

사업을 하다 보면 소비자들이 잘못된 믿음을 가지고 있는 경우들이 종종 있습니다. 필라테스로 치면, "나이 들어서 아픈 것이다," "별다른 일을 안 했는데, 왜 몸이 아프지?" "(아무) 운동이나 하면 몸이 무조건 좋아진다." 이런 것들입니다.

이런 잠재 고객은 주변에서 필라테스가 좋다고 알아보고는 있지만, 잘못된 생각이 완전히 해소되지 않아서 확신을 가지지 못한 상태로 정보들을 수집하고 있을 수 있습니다. 이 상황에서 '이건 사실이 아닙니다'라고 이야기해 주는 글을 만나면? 우리 사업장에 대한 신뢰를 형성할 수 있답니다. 이런 형태의 글을 어떻게 쓰는지 알려드리겠습니다.

먼저 큰 그림부터 보여드리면요. 시작하면서 우리 사업장이 이런 이야기를 할 수 있는 자격을 갖춘 사업장이라는 것을 먼저 보여줍니다. 그리고 잘못된 믿음과 그에 대한 반박을 연쇄적으로 작성해 주시면 됩니다.

제가 실제로 작성한 글의 사례로 설명해 드릴게요.

1. 입증

이런 이야기를 할 수 있는 사업장이라는 것을 보여줍니다. 설명하는 것도 좋지만 이미지로 보여주고 시작하는 것도 좋아요.

사례로 보여드리는 글에서는 누적 회원 수를 보여주는 방식을 사용했습니다. 잘되는 필라테스 센터는 700명을 크게 웃돌기도

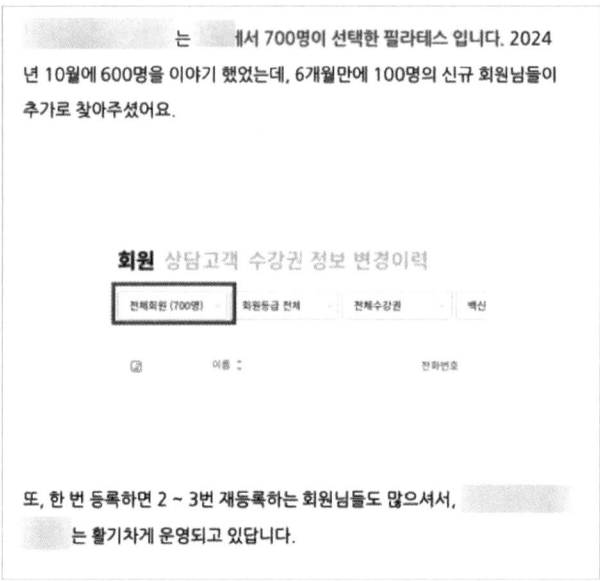

합니다. 우리 센터가 1등이라는 이야기를 하기 위한 내용이 아니라, 우리의 잠재 고객들이(이 동네 사람) 봤을 때 충분히 큰 숫자라고 느낄 수 있다면 충분합니다.

이 외에도 다수의 회원님 후기를 사용하거나, 따기 어려운 자격증 사진을 보여주거나, 유명한 사람과 함께 찍은 사진을 사용하거나, TV에 나온 모습을 보여주는 등의 방식으로 이야기를 시작해 보세요.

2. 잘못된 믿음과 반박

첫째, 잠재 고객들이 으레 가지고 있는 잘못된 믿음 하나를 보여줍니다.

> 여러분들이 느끼시는 어깨 결림, 허리 아픔 등의 불편함들... 필라테스로 관리 할 수 있어요.
>
> ▬▬▬▬▬▬
>
> ███████ 10대 키즈부터 70대 여성분들까지, 매우 다양한 연령에서 수업을 듣고 계십니다.
>
> 각자의 이유들은 다양하지만, 대부분 몸이 아파서 오십니다.
>
> 물론, 필라테스로 병원의 전문적인 치료가 필요한 수준의 병을 낫게 할 수는 없습니다. 그건 병원의 역할이죠. 하지만, 병원에서도 근골격계 이상의 경우 '운동하세요' 라고 이야기를 하는 경우가 많습니다.
>
> 이 때 필라테스를 하면 관리를 할 수 있게 됩니다. 쉽게 이야기하면,
>
> **당연한 통증은 없습니다. 관리하면 나아져요.**

윗글에서 제가 제시하고 있는 잘못된 믿음은 "나이 들면 아프

다"입니다. 실제로 회원님들이 이런 이야기를 하시더라고요. 주변에서도 이런 이야기하는 분들을 많이 보셨을 겁니다. 그런데 필라테스 센터 입장에서 보면, '관리하면 충분히 좋아집니다'라는 반박이 가능합니다. 실제로 필라테스하면 근골격계 통증은 상당히 좋아지니까요.

둘째, 첫 번째 반박이 끝나면, 그 뒤로 자연스럽게 따라오는 의문점이 있습니다. 그렇게 두 번째 잘못된 믿음과 반박을 진행하면 되는데요.

> '가만 있는데 왜 통증이 생기냐?'
>
> 라고 반문 하실지도 모르겠습니다. 혹은 나이드니까 당연한거다 라고 생각할지도 모르겠어요. 아닙니다.
>
> 어느 순간부터 우리는 너무 오래 의자에 앉아 있게 되었습니다. 학생들도 그렇고 성인들도 그렇죠. 또, 하루 종일 스마트폰을 보는 것이 일상화되었습니다. 마찬가지로 초등학생부터 어른들까지 다 그렇죠.
>
> 의자에 앉는 생활, 스마트폰을 사용하는 생활에서 우리 몸은 자연스러운 불균형이 생기게 되었습니다. 특정 근육들은 너무 많이 사용하고, 다른 근육들은 덜 사용하게 만들죠.

실제로 '가만히 있는데 왜 통증이 생기냐?'라는 생각을 많이 하시더라고요. 나는 원래 있던 데로 있었는데, 왜 문제가 생기는지 의아해하시는 거죠. 그 부분에 대해 반박을 해줍니다. 우리의 생활 습관 때문에 생기는 작은 불균형들이 쌓여 통증을 발생시켜 주는 것이라고 이야기해 줄 수 있겠죠.

셋째, 그러면 또 생각나는 의문점이 있죠. 같은 방식으로 반박해 줍니다.

> '그냥 운동만 하면 되는거 아니냐?'
>
> 라고 생각하실지도 모르겠습니다. 아닙니다.
>
> 운동마다 저마다의 재미와 효과가 있습니다. 어느 운동이라도 하지 않는 것보다는 좋죠. 하지만, 일상 생활에서 불균형한 몸이 만들어졌는데, 그 상태에서 과한 운동을 한다면? 근골격계 질환에는 더 않좋을 수 있습니다.
>
> 또, 운동 중에는 편측성 운동이라고해서, 한 방향으로만 몸을 쓰는 것들이 있습니다. 골프나 탁구들이 그렇죠. 채를 잡는 방향에 따라 한쪽으로만 몸을 쓰게 됩니다. 자연스럽게 불균형을 더 심화시키기도 해요.
>
> 그래서 지금하고 있는 운동을 더 오래하고 싶거나, 혹은 퍼포먼스 향상을 위해 필라테스를 하시는 경우도 있습니다.

운동을 안 해서 그런 것이라면, 필라테스 말고 다른 운동을 하면 되는 거 아니냐? 라는 의문인데요. 이 부분에 오면 다른 운동보다 '이런 목적의 운동에는 필라테스하는 것이 좋다.'로 결론을 이끌어 올 수 있습니다. 이런 방식으로 계속해서 왜? 왜? 왜? 라는 질문을 해가며, 의문과 반박을 만들 수 있습니다. 다만, 너무 글이 길어지면 지루해질 가능성이 높으니 3가지 정도의 의문에 대한 반박 정도가 적당합니다.

필라테스 센터 사례로 이야기해 드렸지만, 이런 형태의 글은 다른 사업장에도 적용이 가능합니다. 조금만 생각해 보시면 아이디어가 번뜩이실 거예요. 실제로 고객님들이 가지신 잘못된 믿음은 꽤 많을 것이고, 상담하면서 한 번씩은 이야기를 나눠보셨을 테니까요.

글 유형 10.
사업장의
이용 정보를 주세요

'누구나 바보처럼 행동하기 싫어합니다.'

반복해서 이야기해 드리지만, 사업주에게는 너무나 당연한 일들이 잠재 고객들에게는 전혀 그렇지 않은 경우들이 있습니다. 특히, 우리가 하는 사업에 대해서 이제 알아보기 시작하신 분들은 더욱 그렇습니다.

필라테스라고 하면 어떤 느낌이 드시나요? 아마 강사님이나 원장님들께서는 별다른 느낌이 없으실지 모릅니다. 그런데 잠재 고객님들 중에는 '몸매 좋은 여자들이 레깅스 입고서 하는 운동'이라는 생각이 있을지도 모릅니다.

그래서 남자 고객님이라면 '나도 저런 레깅스 입어야 하나? 민망한데'라는 생각을 하실 수도 있고요. 여자 고객님이라고 하더라도 '아무래도 레깅스는 민망한데'라는 생각을 똑같이 하실 수 있습니다. 이런 분들을 위해 사업장 이용 방법에 대한 왕초보 가이드를 만들어 주시는 것도 좋은 방법입니다.

사업장 이용 정보 작성

이런 형태의 글도 어떻게 쓰는지 설명해 드릴게요. 글의 구조는 비교적 간단합니다. 잠재 고객들이 할만한 질문들을 앞에 두고 우리 사업장을 이용하는 데 필요한 팁들을 알려주시면 됩니다.

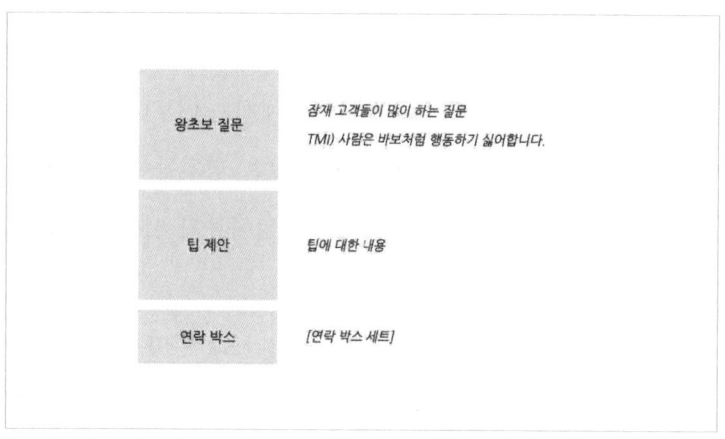

제가 직접 쓴 글을 통해서 보여드리겠습니다.

1. 왕초보 질문

고객분들과 상담하거나 이야기하다가 '아 이런 것도 모를 수 있으시구나'라고 생각이 번뜩 드는 내용들이 있습니다. 그 내용을 먼저 글의 첫 부분에 제시해 주세요.

> '옷을 어떻게 입고 오면 될까요?'
>
> 젝시믹스나 안다르 같은 브랜드들이 유행하면, 에슬레저 의류들이 이제는 낯설지 않습니다. 일상복으로도 많이 입으시죠.
>
> 하지만, 몸에 과하게 붙는 경우가 있다보니 이런 옷자체가 없으신 분들도 있습니다.
>
> 왠지, 필라테스를 한다고 하면 이런 옷들을 입어야 될 것 같은... 그런 느낌이 있죠.

위 사례에서는 '옷을 어떻게 입고 오면 될까요?'라는 질문을 사용했습니다. 보통은 '레깅스를 꼭 입어야 하나요?'라는 질문을 포함하고 있기도 합니다. 사실 꼭 필요하지는 않잖아요? 그래서 그에 대한 답을 차근히 적어주시면 됩니다.

2. 팁 제안

실제로 사업장을 이용하면서 필요한 내용을 이야기해 주시면 됩니다. 그렇게 해야 하는 이유까지 덧붙여 주시면 좋죠.

> 정답부터 말씀드리면, 몸에 적당히 붙는 옷이면 다 괜찮습니다.
>
> 너무 펑퍼짐하면 선생님들이 자세를 제대로 볼 수가 없습니다. 그래서 조금은 붙기는해야해요. 그렇다고 딱붙는 레깅스까지는... 입으면 좋겠지만 불편하시면 굳이 안그러셔도 되요.

필라테스에서 레깅스처럼 딱 붙는 옷을 입는 이유는 강사님들이 수업을 진행하면서 회원님들의 자세를 빠르게 확인하기 위한 목적도 있습니다. 그래서 너무 펑퍼짐하지만 않은 운동복이면 괜찮습니다. 여기에 잠재 고객들이 생각하지 못할 팁이 있다면 추가해 주시는 것도 좋습니다.

필라테스하면 위생상 양말을 꼭 신는데요. 일반 양말은 기구 위에서 미끄러지기 쉽습니다. 그래서 미끄럼 방지 기능이 있는 양말을 신는 것을 추천하죠. 이런 내용까지 챙겨주세요. 이렇게 그리고 필라테스 할 때는 전용 양말 (토삭스) 를 신는게 좋습니다. 일반 양말은 미끄러져서 다칠 수 있거든요.

※참고 ▢▢▢▢▢에서는 회원 등록하실 때, 이벤트 참여를 해주시면 토삭스 증정 이벤트를 하고 있습니다. 이렇게 챙겨 드리고 있어요. ^^

만 쓰면 분량이 조금 적을 수도 있습니다. 그래서 '이제 시작하는 분들'이 읽는다고 생각하고 다른 팁들까지 3개 내외의 주제를 모아 작성해 주시는 것도 좋습니다.

회원님들과 얼굴을 보고 상담할 때, 이렇게 이런 정보들을 주시면 참 좋아하실 겁니다. 속으로 끙끙 앓고 있던 내용을 알게 되거든요. 이런 내용들을 블로그 글로도 만들어 주세요. 우리 센터에 호감을 느끼는 계기가 될 겁니다.

블로그에서 만드는
마케팅 퍼널 설계

'구슬도 꿰어야 보배입니다.
블로그 글을 활용하는 방법을 알려드릴게요.'

이 글에서는 앞서서 작성한 글들을 활용하는 방법을 알려드립니다. 이 퍼널이 제대로 잡혀있으면 여러분들의 블로그는 잠재 고객들에게 상당히 많은 정보를 제공해 주는 도구가 될 거예요. 그리고 이 '정보의 양'은 잠재 고객들의 신뢰를 얻는 데 중요한 역할을 합니다.

필라테스 센터를 찾아보는데, A 필라테스 센터 관련해서는 '우리 센터 좋아요'라는 느낌의 포스팅 하나의 정보를 얻었다고 해봅시다. 반면에 B 필라테스에서는 '우리 센터는 원장이 직접 관리하고 있고, 이런 강점들을 가진 센터들이고요, 회원권은 이렇게 마련되어 있고, 여러분들을 위한 특별한 제안도 마련되어 있어요.

게다가 고객 후기들도 확인하실 수 있습니다.'라는 정보를 얻을 수 있다고 가정해 봅시다. B 필라테스가 주는 정보가 A 필라테스 센터보다 압도적으로 많습니다. 이 상황에서 우리는 어떤 필라테스 센터에 연락할 가능성이 높을까요? 굳이 답하지는 않겠습니다.

블로그에서 이렇게 정보를 줄 때. 하나의 글에 디테일한 모든 정보를 담는 것은 좋지 않습니다. 글이 길어지는 탓에 우리의 목표인 '문의하기'까지 도달하지 못하고, 글을 이탈해 버릴 수 있죠. 그래서 나온 전략이 글들을 이어주는 것입니다.

제가 꼭 심어 놓는 연결 구조가 있는데요. 이런 구조입니다.

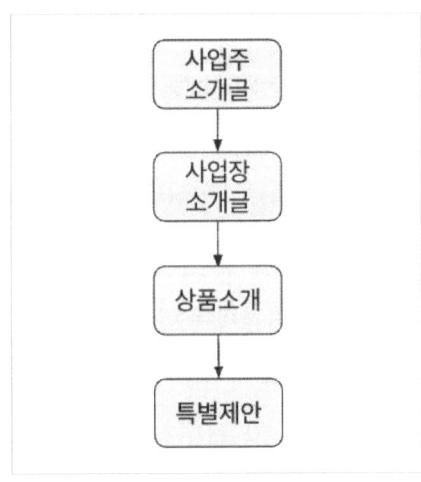

[사업주 소개글]은 사업장을 홍보하는 어느 지면에나 찾기 쉽게 걸어둡니다. 먼저 블로그에 들어가면 가장 먼저 찾을 수 있는 글로 만들어 둡니다. (이 내용은 블로그 세팅 PC, 블로그 세팅 모바일 장을 참고해 주세요) 블로그뿐만 아니라 네이버 플레이스에서도 공지 글로 걸어둡니다. 그리고 혹시 우리 사업장을 다른 사람에 링크로 소개할 일이 있다면, 이 글을 링크로 전달합니다.

[사업주 소개글]을 읽은 사람은 이런 생각을 가질 겁니다. '그래서 당신이 운영하는 사업장은 어딘데?' 그래서 [사업주 소개글]의 하단에는 [사업장 소개글]로 통하는 링크를 남겨둡니다. 블로그의 '링크' 기능을 활용해서 남겨 놓으면 됩니다.

그리고, [사업장 소개글]을 다 읽은 사람이라면, '그래서 어떤 상품을 팔고 있는데?'라는 의문도 자연스럽게 가지게 되겠죠. 같은 방식으로 [사업장 소개글] 내용에 [상품 소개]의 링크를 남겨 놓습니다. 그리고 이 [상품 소개]까지 읽었다면 여기서 마무리해도 되지만, 고객들에게 제안하는 [특별 제안]이 있다면 이 글조차도 링크로 연결해 주면 좋죠.

이런 방식으로 글들을 연결해 두면, 잠재 고객들은 우리 사업장 블로그에 들어와서, 우리 사업장의 핵심 정보들을 충분히 얻어가실 수 있을 겁니다. 즉, 지역의 경쟁점들 대비 충분한 정보를 주는 구조가 완성되는 것이죠.

그리고 모든 글의 마지막에는 [사업주 소개글]을 넣어주세요. 앞으로 다양한 키워드에 노출될 글들을 쓰실 겁니다. 그 글들의 하단에 [사업주 소개글]을 넣어서, 잠재 고객들에게 우리 사업장의 정보를 줄 수 있는 통로를 열어주세요. 그렇게 최종 완성된 그림은 아래와 같습니다.

마케팅을 경험해 보신 분들이 이 내용을 보시면, '어? 그런데 어떻게 사람들이 이 퍼널들을 거쳐 왔다고 생각하는 거지? 추적이 되나?'라고 생각하실지도 모르겠습니다. 저도 이렇게까지 추적하고 싶지만, 아직 적당한 방법을 찾지는 못했습니다. 대신, 우

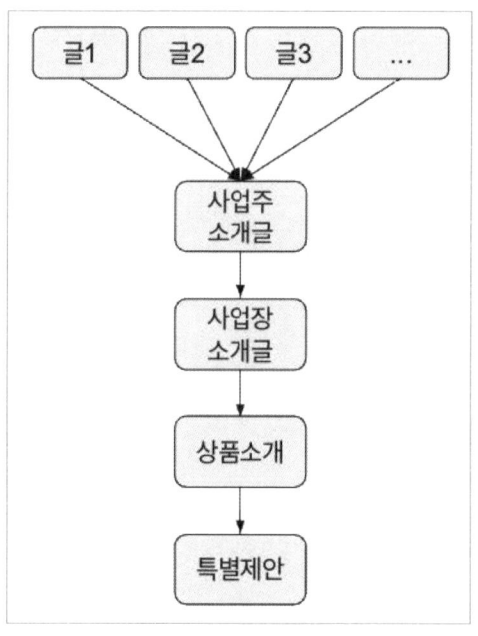

리 센터의 블로그 조회수를 보여드릴게요. 기본적인 조회수가 100이 잘 넘지 않는 모습이 보이시죠? 이건 키워드에서 노출을 목표로 하는 글입니다.

글 제목	조회수	작성일
처음이어도 괜찮아요. (5)	29	2025. 3. 21.
나에게 맞는 최적의 운동 시간은? (5)	82	2025. 3. 7.
고민 중이시라면? 필라테스는 어떤가요? (7)	62	2025. 3. 5.
수업 중에 어? 무슨 뜻이지? 라는 생각이 들 때. (3)	81	2025. 3. 1.
40대 여자 회원님의 첫 운동 도전기. (7)	87	2025. 2. 27.

그런데 위에서 설명해 드린 [사업주 소개]부터 시작되는 경로에 있는 글들의 조회수는 어떨까요? 기간에 따라서 차이가 나기는 하지만, 일반적인 글보다는 압도적으로 높은 조회수를 보입니다.

글 제목	조회수	작성일
800 명이 등록한 곳이 있어요. (7)	554	2025. 1. 6.
에서 800명이나 를 선택한 이유 5가지 ㅣ… (25)	1,757	2024 5 24
를 운영하고 있는 원장입니다. 소… (6)	1,631	2023. 12. 28.
필라테스 회원권 정리 (꼭 보세요) (9)	1,492	2023. 12. 5.

이 수치를 보고, 이 시스템이 작동한다고 판단하고 있습니다. 구슬도 꿰어야 보배입니다. 여러분들이 정성스럽게 쓴 글들 활용

해서 이런 구조를 만들어 두면, 신규 문의를 받으시는 데 도움이 되실 겁니다.

4장

네이버 플레이스와 AI 글쓰기, 그리고 사업

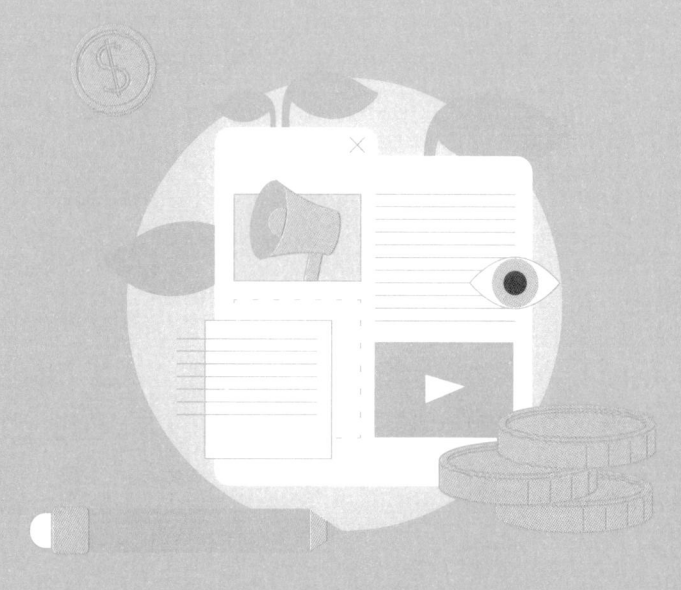

네이버 플레이스,
이렇게 세팅해보세요

'입지 그 자체가 마케팅입니다.'

 사업을 시작하시는 분들이라면, '입지가 중요하다'라는 말을 한 번쯤은 들어보셨을 것 같습니다. 과거도 그랬었고, 지금도 여전히 유효한 내용이죠. 온라인으로 정보를 찾아보는 오늘날에도 마찬가지입니다. 온라인 마케팅의 발전으로 좋지 않은 입지에서도 성공을 거두는 사업체들도 있지만, 그들이 주목받는 이유는 '좋지 않은 입지에도 불구하고' 성공했기 때문일 겁니다.

 이 책은 블로그 마케팅을 다루는 책이지만, 입지의 중요성을 놓치기에는 아쉬워서 이렇게라도 짚고 넘어가봅니다. 특히, 소비자들의 생활 동선과 연결된 사업들은 더욱 그렇습니다. 제가 운영하는 필라테스 센터도 그렇죠. 실제로 '가장 가까워서 왔어요'라고 찾아오시는 분들이 상당히 많습니다.

아쉽지만 현재 사업장이 있는 분들은 이 요소가 이미 고정값이 되었겠죠. 그 속에서 할 수 있는 일들을 해야겠죠. 하지만, 이제 사업을 준비하고 계신 분들은 입지를 잘 따져서 시작하시는 게 좋습니다. 월세를 조금 더 주고서라도, 그만큼을 마케팅 비용이라고 생각하고 좋은 입지에서 시작하는 것이 좋습니다. 왜냐하면 네이버 지도 때문입니다.

네이버에서 검색하면 네이버 지도 검색 결과도 함께 보여줍니다. 네이버 지도 검색 결과가 없는 키워드들도 있지만 많지 않고, 그마저도 검색량이 적은 것들일 겁니다. 또, 네이버 검색이 아니라 네이버 지도에서 직접 검색해서 자신의 동선과 맞는 곳을 찾아보기도 하죠. 이 네이버 지도 덕분에, 블로그 글이 첫 화면에 노출이 되지 않아도 찾아오는 고객들이 있습니다. 사람마다 찾아오는 동선은 각기 다르고, 그중에서 다양한 기준으로 선택하기 때문이죠. 그래서 다시 강조하지만, 애초에 우리 사업장의 고객이 될 수 있는 사람들이 지나갈 만한 곳에 사업장이 자리 잡고 있는 것이 유리합니다. '입지 = 마케팅'인 것이죠.

하나의 상권에서 경쟁하는 업체가 없다면 사실 네이버 지도는 등록만 해놓아도 괜찮을 겁니다. 하지만, 2025년 대한민국에서 이런 사업은 흔치 않습니다. 돈이 된다고 하면 너도나도 하는 한국입니다. 하나의 상권에서 여러 업체가 경쟁하는 것이 더 일반적이죠.

그래서 우리는 네이버 지도(네이버 플레이스) 경쟁을 시작하게 됩니다. 하지만, 애초에 이런 경쟁을 피할 수 있다면 가장 좋겠죠? <mark>오프라인 입지만 보지 말고, 네이버에 검색해서 경쟁 업체가 몇 개나 되는지 세어 보세요. 5개 이하라고 판단이 되면 마케팅 관점에서는 경쟁하기는 수월하다고 볼 수 있어요.</mark> 한 상권을 놓고 5개 이상의 업체가 있다면 정말 치열한 경쟁을 각오해야 합니다. 5위 안에 들어가야 검색했을 때 모바일 기준으로 첫 화면에 들어가거든요. 첫 화면에서 보이는 사업장과 그렇지 않은 사업장의 문의량은 크게 차이가 납니다. 그래서 사업주와 이분들을 돕는 마케터들은 잠재 고객들에게 우리 사업장을 더 잘 보이게 하고, 여러 업체 중에 우리를 선택하게 만드는 전략들을 고민하게 됩니다.

참고로 덧붙이자면 오프라인에서 노출되는 입간판, X 배너, 간판의 효과도 상당히 좋습니다. 우리 센터에서도 실제로 고객분들이 지나가다가 이것들을 보고 방문하시기도 하니까요. 방문하기 전에 검색해서 센터 정보를 찾으시는 분들도 많고요. 저는 실제로 제가 운영하는 센터 앞에서 네이버 검색을 하는 분을 우연히 만나기도 했습니다.

네이버 플레이스 관련해서 사용하는 전략들은 바로 다음 장에서 디테일하게 공개해 보겠습니다.

네이버 플레이스 순위 고민, 이 글에서 해결하세요

'네이버 플레이스에서 정답은 없습니다.'

사실 네이버에서 이 순위 결정 방식에 관해서 이야기해 준 적이 없습니다. 네이버 공지로 나오는 글들을 토대로 마케팅하는 분들이 이런저런 가설을 세워서 테스트한 다음 효과가 있었던 방식들을 이야기하고 있죠. 그래서 완벽한 정답은 없습니다. 또 지금은 효과가 있더라도, 나중에는 효과가 없을 수도 있고요. 하지만, 이 글을 쓰는 현재 시점에서 제가 사용하고 있는 전략들은 알려드리겠습니다.

1. 대표 사진

네이버 지도에서 사용할 대표 사진을 하나 정하셔야 합니다.

지도에서 검색하면 나오는 이미지입니다. 여러 가지 형태가 있을 수 있지만, 저는 '경쟁 업체와는 질적으로 다른 이미지'를 쓰는 것을 제안해 드립니다. 이 이미지로 보통 사용되는 것들은 아래와 같습니다.

- **이벤트 내용을 담고 있는 포스터 형태**
- **사업체 로고**
- **인테리어 사진**
- **모델이 들어간 실사 사진**

이런 형태들이 있는데요. 저는 키워드 검색을 한 다음 다른 업체들이 쓰지 않는 이미지를 사용합니다. 즉, 다른 곳에서 인테리어나 모델 실사 사진을 많이 쓰고 있다면 저는 센터 로고 이미지를 사용할 겁니다. 반면에 다른 곳에서 포스터 형태를 많이 쓰고 있다면, 모델 실사 사진을 쓸 겁니다. 이렇게 남들이 잘 쓰지 않는 형태의 이미지를 사용해서 눈에 띄게 만듭니다.

2. 그 이외의 사진

모바일에서 플레이스를 누르면 업체의 사진 탭으로 이동시키는 경우가 많습니다. 이 사진들은 사업주가 플레이스에 등록한 사진도 있고, 블로그에서 대표 사진으로 사용한 사진, 클립으로 올라간 영상, 고객들이 올린 영수증 후기의 사진들이 자동으로 올라가게 됩니다. 적어도 우리가 올리는 사진들은, 소비자가 우리 사업장에서 경험할 수 있는 내용들을 담은 것들이 좋습니다. 필라테스 센터라면 수업을 받는 모습들이 좋겠죠.

보통은 이 영역에 인테리어 직후 사진을 올리는 경우들이 많은데요. 이 사진들만 봤을 때는 휑하게 비어 있는 느낌이 있습니다. 이 사진들도 초반에는 올려주시되, 시간이 지나서 실제로 고객들이 이용하는 모습을 담아주시는 것을 추천해 드려요.

3. 네이버 톡톡, 예약, 쿠폰, 스마트콜

네이버에서는 지도와 연동되는 다양한 서비스를 제공하고 있습니다. 톡톡, 예약, 쿠폰, 스마트콜이 그것인데요. 사업장 운영에서 활용할 수 있는 기능들이라면 최대한 활용해 주세요. 네이버에서 어떤 데이터를 기반으로 순위를 결정하는지 정확히 알 수는 없습니다. 하지만, 적어도 이런 기능들의 활용은 권장하고 있어요. 또, 우리 사업장이 네이버를 통해서 고객들과 소통하는 경로가 되기 때문에 네이버에서는 '이 사업장 제대로 운영되고 있네'라는 신호를 줄 수 있는 데이터를 만들 수 있습니다.

4. 공지글

제가 가장 중요하게 생각하는 영역입니다. 보통 여기에 할인 이벤트나, 시간표 같은 내용들이 많이 걸렸습니다. 특히, 할인 이벤트는 제가 보기에 고객들은 아직 결제할 준비가 안 되어있는데, 너무 빠르게 제시되는 느낌이 있다고 생각합니다.

그래서 저는 이 영역을 블로그와 연동시켜서, 사업주의 소개글을 올려놓습니다. 그렇게 플레이스에서 블로그로 들어가는 장치로 사용해요. 그렇게 블로그에 들어가서 우리 사업장에 대한 내용들을 충분히 읽을 수 있게 만듭니다. 여기에 중요한 포인트가 있습니다. 사업장의 정보를 충분히 얻을 수 있는 곳과 그렇지 않은 곳 중, 사람들은 어디를 더 신뢰할까요?

같은 필라테스를 알아보는데, 어떤 센터에서는 누가 운영하고 있는지, 어떤 센터인지, 어떤 회원권이 있는지 등등에 대한 정보들을 다 읽을 수 있지만, 다른 센터는 할인 이벤트 하나의 정보를 얻을 수 있다면? 당연히 정보를 더 많이 얻을 수 있는 곳을 신뢰할 겁니다. 이렇게 정보 제공을 시작하는 관문으로서 네이버 플레이스의 공지글을 활용합니다.

5. 찾아오는 길

이 영역을 단순히 찾아오는 길 내용으로만 쓰기에는 아깝습니

> 우리 센터는 대표적인 ▨ 필라테스입니다. 지하철 역과 버스정류장이 바로 앞에 있어요.
>
> 덕분에 ▨ 동은 물론, ▨ 동, ▨ 동, ▨ 동, ▨ 동, ▨ 동 등 인근에서도 회원님들이 찾아오고 계세요.
>
> 정확한 찾아오는 방법 설명드릴께요.
>
> ▨ (북부방향) 출구를 이용하신다면, 도보 1분에 위치하고 있습니다. 메가커피와 올리브영 사이에 있는 건물 4층이에요.
>
> 우리 센터 바로 앞에는 ▨ 버스 정류장도 있습니다. 여기서 버스를 타고 왔다 갔다 하기도 좋아요.
>
> 단 1시간의 운동으로도 '와 시원하다' 라는 느낌을 받으실 수 있도록 노력하고 있습니다. 센터에서 뵈요. ∧

다. 어차피 텍스트로 들어가니 센터를 홍보할 수 있는 문구를 추가해 주세요. 저는 이렇게 작성해 두었습니다.

이 동네에서 대표적인 곳이라고 이야기하면서, 어느 지역에서 회원님들이 오고 계신지를 밝히고 있습니다.

6. 가격

가격을 쓸 때의 주의점은 '소비자들이 생각했을 때 충분히 지불할 수 있는 수준'으로 써야 한다는 점입니다. 김유진 님의 저서 '당신의 가격은 틀렸습니다.'에서 가격 DNA라는 개념을 이야기합니다. 특정 품목을 생각했을 때 넘길 수 없는 가격이 있다고 하

1:1 개인 월 (최저)	240,000원
6:1 그룹 월 (최저)	79,000원
1:1 컨디셔닝 필라테스	80,000원
1:1 개인 체험	50,000원
6:1 그룹 체험	15,000원

는데요, 예를 들어 김밥 한 줄이 7,000원을 넘으면 '비싸다'라는 느낌이 드는 것처럼 말이죠. 그래서 우리 사업장의 가격 역시 이렇게 소비자들의 가격 느낌을 반영한 수준으로 작성하는 것이 좋습니다.

위와 같은 방식으로 가격을 쓸 수도 있지만, 이 영역에 타깃하는 대상들을 문구로 사용하는 것도 가능합니다.

7. 클립

2025년 기준. 네이버에서 열심히 강조하고 있는 기능 중 하나입니다. 유튜브의 숏츠, 인스타그램의 릴스처럼 짧은 영상을 올릴 수 있는 기능입니다. 네이버 블로그에서 '클립'으로 영상을 올린 다음 '위치'라는 태그를 사용해 업로드하면, 네이버 플레이스에도 뜨게 됩니다. 요식업에서는 이 클립을 중요하다고 이야기는 하고 있는데, 제가 운영하는 필라테스 센터는 클립으로 경쟁하고 있지는 않은 분위기입니다. 대신에 우리 사업장을 소개하는 브랜딩 용도로는 훌륭한 기능이기 때문에 가능하다면 사용해 보시는 것도 좋겠어요.

8. 방문자 리뷰

　영수증 리뷰를 작성하면 네이버 플레이스의 방문자 리뷰로 올라가게 됩니다. 실제로 이 리뷰를 보고 상담 문의를 하시는 분들도 꽤 있습니다. 리뷰의 내용뿐만 아니라, 단순 '리뷰의 수'도 긍정적으로 영향을 미칩니다. 정말로 '여기가 리뷰 수가 가장 많아서 왔어요'라는 분도 있었거든요.

　과거에는 영수증 리뷰를 가짜로 만드는 방식도 많이 사용되었으나, 지금은 어뷰징으로 간주하는 경우가 많아 사용되지 않습니다. 그럴수록, 실제 우리 매장의 고객님들에게 영수증 리뷰를 받는 것이 중요합니다. 우리 센터는 1만 원 이하의 사은품이나 서비스를 준비해 두고, 결제와 동시에 영수증 리뷰를 받고 사은품을 드리는 방식으로 영수증 리뷰를 모으고 있습니다.

　노파심에서 이야기해 드립니다. 방문자 리뷰를 작성할 때 사용할 수 있는 여러 가지 꼼수가 있는데요, 가령 지인이 방문했을 때 가짜로 영수증을 만들고, 리뷰 후 결제 취소를 한다든지. 영수증 리뷰를 하지 않은 영수증을 모아뒀다가 다른 사람에게 한다든지 하는 것들이 있는데요. 네이버에서 정책으로 발표할 정도로

금지하고 있는 사항이니, 정석대로 진짜 고객들에게 영수증 리뷰를 받는 것을 추천해 드립니다.

9. 블로그 리뷰

블로그 글에 '위치' 기능으로 우리 사업장이 들어가 있으면 플레이스에도 반영됩니다. 우리 사업장 블로그에 위치 태그를 넣어도 들어가고, 다른 사람(특히 체험단)이 위치 태그를 넣어도 글이 들어갑니다. 우리가 직접 관리하는 블로그의 매력적인 글이 차곡차곡 모여있으면 도움이 되겠죠?

10. 정보

사업장에 대한 정보를 기재할 수 있는 영역입니다. 보통은 네이버 플레이스 등록을 할 때 대충 써서 올려놓기는 하는데요, 500자를 넘기지 않는 곳도 상당히 많습니다. 이 영역도 최대한 정성 들여 쓰시는 것을 추천해 드립니다. 최대 2,000자까지 쓸 수 있는데요, 꽤 많은 양의 정보를 담을 수 있답니다.

특히 이 책의 내용을 참고해서 블로그 글들을 충실히 작성해 주셨다면, 내용들을 정리하기 쉬우셨을 거예요. 이 영역도 한 번에 좋은 글을 만들면 좋겠지만, 블로그 글을 차곡차곡 쌓아가면서 필요한 시점에 업데이트하는 것도 좋습니다.

강조 문구	눈에 확 들어오는 문구작성
강점 1, 2, 3	신뢰유형에서 사용한 강점 요약해서 3 가지 정도만 + 블로그 글을 봐달라는 내용 추가
회원권 정리	신뢰유형에서 사용한 회원권 정리내용 요약 추가
고객의 스토리	공감유형에서 작성한 고객들의 이야기를 한 줄 요약해서 추가 + 블로그 글을 봐달라는 내용 추가

11. 대표 키워드

대표 키워드는 우리 잠재 고객이 검색할 만한 키워드를 넣어주시는 것이 좋습니다. 필라테스 센터의 경우 지역 + 필라테스 키워드가 가장 유용합니다. 그리고 키워드가 5개가 넘는다면, 월간 검색량을 조회해서 검색량이 높은 키워드 위주로 넣어주시는 것이 좋습니다.

단, 같은 상권 내에서 경쟁이 치열하고, 여러 가지의 키워드로 소비자들이 검색할 수 있는 업종이라면, (예를 들어, 요식업에서 브런치를 하고 있다면, 브런치는 물론이고, 샐러드, 파스타, 같은 키워드를 사용할 수 있으니까요) 키워드를 잡아두고 테스트를 해보면서 최적화하는 작업이 필요합니다.

플레이스 마케팅의
불편한 진실

'무한 경쟁을 부르는 네이버 플레이스UI.'

요즘 사람들은 네이버 검색을 통해 필라테스 센터를 찾아보고 연락합니다. 그래서 **사업주는 해당 키워드를 검색했을 때 5위 이내에 들어야 하는 무한 경쟁을 하게 되었습니다.** 무슨 말인지 더 설명해 드릴게요.

여러분들이 동네에서 필라테스 센터를 알아본다면 어떻게 하시나요. 첫째 지인들에게 물어보기. 둘째 지나다니면서 본 곳에 연락하기. 셋째 네이버에서 검색해서 정보 찾기. 첫째와 둘째 방법에 관한 마케팅 방법도 있지만, 일단 셋째 방법의 네이버 검색만 이야기해 보겠습니다.

네이버 검색으로 필라테스 센터를 알아본다고 합시다. 그러면

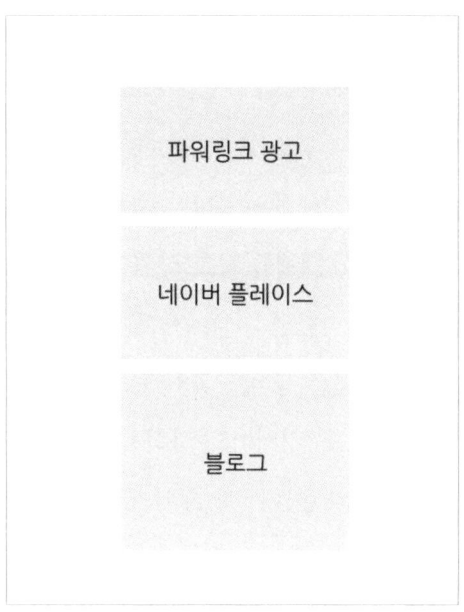

자기가 살고 있다고 인식하는 '지명 + 필라테스' 이런 패턴으로 검색할 가능성이 높습니다. 그러면 아래와 같은 구조로 화면이 나옵니다. 앞에서도 한 번 보여드렸지만, 다시 가져와 봅니다.

네이버 파워링크 지면은 어차피 광고니까 잘 안 보고, 네이버 플레이스부터 살펴보게 되죠. 그런데 네이버 플레이스에서는 이 글을 쓰는 2025년 6월 기준으로, 상위 5개의 업체만 보이게 되어 있습니다. 나머지는 '더 보기'를 통해서 눌러야만 보이죠. 상위 5개만입니다. 여기서 이상한 일이 벌어집니다.

사람들은 정말로 애타게 찾는 정보가 아니라면, 다음 페이지로 넘기지 않습니다. 첫 페이지에 나오는 검색 결과 중 몇 개를 선택하게 되죠. 참고로 이게 업종마다 다르기는 합니다. 변호사나 세무사의 경우 애타게 찾는 경우가 많아, 뒤 페이지까지 넘기기도 하는 것 같더라고요. 이 경쟁을 하고 싶지 않다면, 해당 키워드로 검색되는 업체가 5개 미만인 지역에서 사업을 하면 됩니다. 즉, 한 상권 안에서 필라테스 센터가 5개 정도만 된다면, 모두가 첫 페이지에 있을 테니까요. 경쟁이 성립되지 않는 거죠. 이때 사업주님들이 플레이스의 내용들을 꽉 채워 넣는 방식으로도 얼마든지 관리가 될 겁니다. 약간의 플레이스 내용만 업데이트만 했는데 순위가 올라가는 경험을 하시게 될 거예요.

만약 5개보다 더 많다고 하더라도, 여기서 경쟁하는 업체들이 자신의 위치를 인정하고, 그 자리에서 열심히 한다면 공정한 경쟁이 진행될지도 모릅니다. 고객들의 영수증 리뷰를 착실하게 모으고, 그 와중에 자연 발생하는 블로그 후기 등을 쌓으면서 말이죠.

하지만 현실은 그렇지 않습니다. 5위 안에 들어가서 첫 화면에 내 업장이 들어가는 것과, 다음 페이지로 넘겼을 때 내 업장이 나오는 것의 효과는 큰 차이가 있다고 이야기 드렸습니다. 우리는 돈을 벌기 위해서 사업을 시작했고, 이 마음은 1페이지에 있는 사업주님이나, 2페이지에 있는 사업주, 3페이지에 있는 사업주 모두 같을 겁니다. 그러다 보니, 이런저런 전략들을 통해 1페이지로 가기 위해 노력을 하게 됩니다. 그렇게, 한 사람이 시작하고, 또 다른 사람이 붙으면서 치킨게임이 시작됩니다. 5위 안에 들어야 하는 치킨게임. 즉, 우리 사업장은 원래 하던 데로 가만히 있어도, 다른 경쟁 업체가 뭔가를 더 하게 되면 내가 밀리게 됩니다.

이 경쟁을 위해 필요한 데이터를 인위적으로 늘릴 방법은 이미 많이 개발되어 있고, 시기에 따라 전략이 다를 수 있지만 항상 누군가는 방법을 찾아내고 있죠. 실력 있는 마케팅 업체가 하는 일이기도 하죠.

이런 세상에서 '우리 센터의 본질만 좋으면 잘될 거야'라는 생각은 어쩌면 너무 순수한지도 모르겠습니다. 우리 사업의 상품/서비스가 너무 만족스러워서 고객님들이 찐 감사의 의미로 블로그 리뷰를 하나 남겨줬다고 해봅시다. 이런 일은 실제로 일어나지만, 그 숫자는 일 년에 10건을 넘기기 힘들 겁니다.

하지만, 블로그 체험단을 부르면 내가 원하는 만큼 이 후기를 만들 수도 있습니다. 또 블로그 배포 능력을 갖춘 마케팅 업체에 의뢰하면 하루에도 10~20건, 아니 그 이상의 포스팅을 만들 수 있기도 합니다. 양적으로는 비교가 안 되는 게임입니다.

이 세태를 비판하고, 공정한 마케팅 문화를 만들기 위해 노력하는 것은 좋습니다. 저도 그렇게 되기를 바라고요. 하지만 당장 내 사업장이 2페이지로 넘어가면 매출에 직접적인 타격이 생깁니다. 언제가 될지도 모르는 그날을 기다리며 '나는 그런 식의 마케팅을 하지 않는다'라고 고집부리다가는 내가 먼저 폐업하게 될지도 모릅니다. 차분히 현실을 직시하고, 생존을 위해 해야 할 일을 해야 합니다. 적어도 저는 그렇게 생각합니다.

요즘 많이 사용하는 방법은 리워드 트래픽을 사용하고, 블로그 포스팅을 늘리는 방식을 사용합니다.

1. 리워드 트래픽

토스나 캐시워크 등을 보시면, 온라인에서 간단한 미션을 하면 몇십 원의 보상을 지급하는 이벤트가 있습니다. 어떻게 이런 이벤트들이 나오는지 궁금하셨죠? 그 이벤트의 일부는 네이버 지도 방문을 통해 트래픽을 인위적으로 늘리는 형태로 사용되고 있습니다.

내가 상위 노출하고 싶은 키워드의 월간 검색량을 참고해서, 트래픽을 조금씩 넣으면서 순위 변화를 모니터링합니다. 트래픽은 조회수 1(1타) 당 가격이 책정되어 있는데요, 이 이벤트를 진행할 수 있는 매체사마다 가격이 다릅니다. 대략 1타당 30원~60원

사이로 형성되어 있는 편입니다.

2. 블로그 포스팅

우리가 직접 쓰는 블로그 포스팅도 포함이 되지만, '개수'를 채우기 위해서 발행되는 포스팅이 필요할 때도 있습니다. 글의 내용은 신경 쓰지 않고, 글의 노출만 신경 쓰며 트래픽을 만드는 방식인데요. AI 기술이 활용되는 영역이기도 합니다. 다른 경쟁 업체들이 어떻게 관리하는지 보시고, 블로그 포스팅이 빠르게 늘어나는 곳이 있다면 배포 방식도 고려해 보실 수 있습니다.

리워드 트래픽과 블로그 포스팅 사용 방법에 관한 내용은 깊게 다루지 않았습니다. 왜냐하면, 이 내용은 네이버의 알고리즘에 따라 직접적으로 영향을 받기 때문입니다. 언제는 효과가 있었다가, 다른 때는 효과가 없을 수 있습니다. 이 장에서는 '아 이런 게 있구나' 정도로만 넘어가 주시고, 나의 플레이스 순위가 밀리기 시작할 때 이런 내용을 떠올릴 수 있으면 충분합니다.

요즘에는 세상이 좋아져서, 인스타그램에서 '플레이스 마케팅' 관련 영상이나 콘텐츠를 조금 시청하시면 알고리즘으로 이런 업체들의 광고들을 보게 되실 겁니다. 정말로 필요할 때 그 업체들에 연락해서 어떻게 운영하면 되는지 안내받으면서 진행하시면 됩니다.

  참고로 네이버 플레이스 통해서 '순위 보장'이라면서 영업 메시지를 많이 받으셨을 겁니다. 이 업체들에서 하는 것들이 이런 전략들을 활용해서 순위 관리를 해주는 것이 맞습니다. 완전히 사기성이 짙은 업체들이 다수 섞여 있으니, 꼭 여러 업체와 상담 받아보고 진행하세요.

블로그 글
AI 쓰지 마세요

'글쓰기 실력이 먼저입니다.'

유튜브나 인스타그램에 들어가 보면 챗GPT를 사용해서 블로그 글 포스팅을 자동화했다고 이야기하는 내용을 쉽게 찾아볼 수 있습니다. 이런 내용을 보다 보면, 내가 한 땀 한 땀 글을 쓰는 게 어리석어 보이기도 합니다.

사업주님들께서도 이런 자동화의 유혹에 많이 혹하십니다. 사업체 운영하고 삶을 챙기느라 바쁜데, 블로그 마케팅까지 하려면 몸이 두 개라도 모자랄 지경이니까요. 이해는 합니다. 하지만 블로그 마케팅, 혹은 글쓰기를 이제 시작한다면 챗GPT를 포함한 AI는 쓰지 마세요. 왜냐하면 **여러분들의 사업장을 곰곰이 생각해 보는 기회를 앗아가기 때문입니다.**

오해하지 말아 주세요. AI가 쓰는 글의 퀄리티 문제가 아닙니다. 챗GPT를 잘 학습시키면 언뜻 봐서는 모를 정도로 '사람이 쓴 것 같은' 글이 나옵니다. 그리고 AI에 관심을 조금 더 가져보시면, Claude(클로드)라는 AI는 진짜 글을 잘 씁니다.

제가 여러 사람들에게 블로그 마케팅, 그리고 글쓰기를 알려 드렸습니다. 확실히 사람마다 글 실력의 차이가 확실하기 있습니다. 그리고 꽤 많은 분이 AI보다 글을 잘 쓰지 못하기도 하십니다. 그런데, 자신의 글쓰기 실력이 올라가지 않은 상태에서 AI에 의존해서 글을 쓰면 어떻게 될까요? 아주 그럴싸하지만, 뭔가 다 비슷비슷한 결과물의 글들을 얻게 되실 겁니다.

반면에, 자신의 글쓰기 실력이 향상된 상태에서 AI를 쓰면 어떻게 될까요? 적어도 AI가 만들어낸 텍스트를 보고 어떤 점을 보완해야 할지 살펴 가면서 글 작성이 가능합니다. 글쓰기 실력이 좋아지면 어떤 글을 써야 할지 분명히 알기 때문에 AI에 더 좋은 가이드를 내릴 수 있죠. 글쓰기 실력이 좋아질수록 AI를 더 잘 활용할 수 있다는 뜻이기도 합니다.

다시 강조하지만, 내 글쓰기 실력이 좋아지려면, 평소에 좋은 생각을 하고 있어야 합니다. 좋은 생각은 사색을 통해 얻어지고, 글쓰기를 통해 기록되고 성장하게 됩니다. 정말로 글을 쓰는 행위 자체는 챗GPT에 부탁하면, 귀찮은 키보드를 치는 노동력 정도는 해줄 수 있을 겁니다. 하지만, 그 생각을 만드는 것은 내가 스스로 해야 합니다. 그 과정에는 글쓰기가 필요하고요.

  그래서 내 사업장 마케팅 목적으로 블로그 글을 쓴다면 나의 **글쓰기 실력이 쌓이기까지는 직접 쓰시는 것을 추천합니다.** 그 경험이 축적되어, 글의 퀄리티를 판별할 수 있는 안목이 생기고, '어? 뭔가 반복하기 시작했는데?'라는 느낌이 들 때쯤이 오면 그때 AI 기술들을 챙겨보세요. 다시 한번 강조하지만, AI보다 글을 잘 쓸 수 있을 때, AI는 좋은 도구가 됩니다. 주객이 바뀌면 안 됩니다.

AI의 똑똑한 활용법

'바로 직전에는 블로그에 AI 쓰지 말라고 하더니.'

바로 앞 장에서는 블로그에 챗GPT를 쓰지 말라고 이야기했습니다. 그런데 갑자기 또 AI의 똑똑한 활용법이라니 헷갈리시죠. 이 장에서 정확하게 내용을 정리해 드립니다. 저는 '사람이 읽었을 때 감정을 움직일만한 글'을 만들 수 있다면, 어떻게 작성되어도 괜찮다는 생각입니다.

그런데 AI 기술을 활용하는 사람들은 효율성, 자동화, 대량 배포 같은 내용에만 집중하지, 정작 글의 퀄리티에 대해서는 크게 신경 쓰지 않는 것 같더라고요. 제가 보기에는, 신기술을 쓰는 것 같고, 자동으로 뭔가를 해주니 멋져 보이고, 뭔가 가치 있는 일을 하고 있다는 착각에 빠지기 너무 쉬워 보였어요. 그래서 앞 장에서는 조금 힘주어서 '일단은 AI는 쓰지 말아보자'라고 이야기한 것입니다.

그리고 글을 한 땀 한 땀 써가면서 나의 글쓰기 실력을 먼저 올려보고, 그다음에 AI를 활용해 보세요. 그렇다면, 이 AI를 어떻게 활용할 수 있다는 건지 시원하게 풀어봅니다. 저도 참 잘 쓰고 있거든요.

1단계: 콘텐츠의 전환

챗GPT를 한 번 정도는 써보셨을 겁니다. 그런데 제가 봤을 때 챗GPT가 정말 잘하는 것은 '새로운 콘텐츠의 생성'보다는, '원래 있는 콘텐츠들의 재가공'인 것 같아요. 물론 사용하는 사람에 따라서, 더 무궁무진한 활용이 가능할 겁니다. 그런데 저는 이 '재가공' 수준에서 잘 활용하고 있답니다. 그래서, 공들여서 써 놓은 블로그(오리지널 콘텐츠)가 있다면, 챗GPT를 통해서 다른 포맷으로 바꾸는 것이죠. 이걸 시켜봤더니 잘하더라고요.

가령, 요즘 스레드가 인기이죠. 아래 정도의 프롬프트를 세팅한 다음, 블로그 글을 복사 붙여 넣기 하면 스레드에 바로 복사 붙여 넣기 할 수 있는 글이 나오게 됩니다. 이렇게 하면 블로그와 스레드를 동시에 관리할 수 있습니다. 콘텐츠의 전환이 쉽게 되는 것이죠.

```
- 전달해주는 네이버 블로그 글을 스레드 형태로 바꿔주세요.
- 스레드에서 지원하는 글자수 500자 이내로 내용을 작성해주세요.
- 스레드에 바로 복사해서 붙여 넣을 수 있게 문장을 정리해주세요.
- 이모티콘 활용은 하지 말아주세요.
- 스레드에서 사용하는 반말투의 어조를 사용해주세요.
- 스레드 알고리즘에 최적화 된 글을 작성해주세요.
```

★ 종종 분량을 넘기기도 하던데, 옮겨 쓰면서 적당히 수정해 주시면 될 것 같습니다.

조금 더 심화 버전을 이야기해 보겠습니다. 블로그 글을 기반으로 영상까지 만들 수 있습니다. 블로그 글을 챗GPT에 넣어서 '영상 대본'을 만들고, 일레븐랩스와 같이 텍스트를 읽어주는 AI를 사용해 음성 파일을 만듭니다. 사람의 목소리를 학습시켜서 그 사람의 목소리로 읽어주는 것도 가능합니다. 그리고 우리 사업장에서 미리 찍어둔 영상을 활용하거나, 혹은 이 영상도 생성형 AI의 도움을 받아 만들어서, 위에서 만든 음성 파일과 합쳐 편집합니다. 이렇게 하면 숏폼 영상 정도는 거뜬히 뽑아낼 수 있죠.

이 영상으로 조회수를 터트리기에는 아직 퀄리티가 부족할 겁니다. 그렇지만, 우리 사업장의 인스타그램이나 네이버 플레이스에 '클립'을 넣는 용도로 우리 사업장을 홍보하는 데 사용할 수 있습니다. 그럴듯해 보이거든요. 이렇게 블로그 글 하나로 영상 콘텐츠까지 전환하는 게 가능합니다.

2단계: 콘텐츠 생성

AI에 제대로 학습을 시킬 수 있다면, 퀄리티 있는 블로그 글을 뽑아내는 것도 가능합니다. 다시 강조하지만, 이건 어디까지나 나의 글쓰기 실력이 사람들의 감정을 움직일 수 있을 정도로 좋아진 다음에 가능하답니다. 그리고 AI에 제대로 학습을 시켜야 합니다.

특히, 블로그 글을 쓰는 목적이라면 챗GPT보다는 Claude(클로드)를 사용해 보세요. 훨씬 더 사람이 쓴 것 같은 결과물을 얻으실 수 있을 겁니다. 클로드도 마찬가지로 학습을 시켜놓을 수 있는데요, 아래와 같은 지침도 입력해 주시고요.

> 네이버 블로그에 SEO에 최적화된 블로그 글쓰기를 해주세요.
> 네이버에서 AI가 썼다고 인식이 안 되도록 작성해 주세요.
> 최대한 간결한 문장으로 작성해 줘. 한 문장이 100자를 넘지 않게 작성해 주세요.
> 수동형 문장을 사용하지 마세요.
> 감정을 자극하는 문구로 초반을 시작해 주세요.
> 원장님이 화자가 되어 고객을 독자로 하는 형태로 글쓰기를 해주세요.
> 정말, 매우 같은 최상급 부사는 사용하지 마세요.
> 문단은 나눠주세요. 단, 문단에 제목을 붙이지는 말아 주세요.
> 띄어쓰기 포함해서 1,500자 이상 작성해 주세요.

블로그 글을 계속해서 쓰다 보면 몇 가지 유형의 글로 정리가 될 겁니다. 그러면 AI에 이렇게 만들어진 유형 중 한 가지 유형과 우리 사업장의 전반적인 내용을 담은 글들을 아래와 같이 저장해 둡니다.

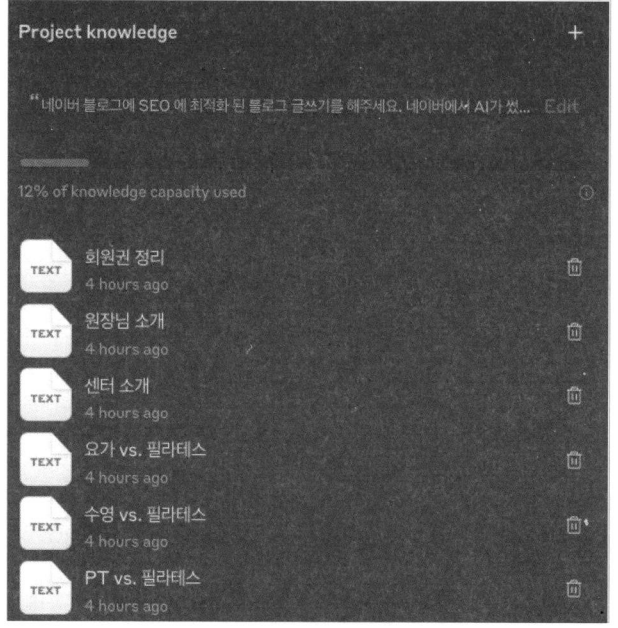

그리고 이 유형에 해당하는 글을 몇 가지 조건들만 바꿔서 작성해달라고 하면 꽤 퀄리티가 있는 글이 나옵니다. 물론 이런 글도 사람들이 굳이 쓰지 않는 부자연스러운 말을 하기도 합니다. 이 부분은 블로그에 옮겨 적으면서 약간씩만 고쳐 써 주시면, 확실히 편하게 글을 완성할 수 있어요.

가격 할인
이벤트에 관하여

'가격 할인밖에 방법이 없어요'

2023년 5월, 필라테스 센터 1호점을 인수하고 한 달 뒤. 저희 부부와 그때 당시 운영을 도와주던 실장과 나눈 이야기입니다. 이 실장은 저희가 뽑은 사람은 아니었고, 이전 대표와 함께 일하다가 양도양수를 받으며 같이 일하게 된 분이었습니다. 이때만 해도 저도, 와이프도 사업체 운영에 대해서는 아무것도 모르는 상태였습니다. 와이프가 필라테스 강사였지만, 수업만 했었기 때문에 운영에 대해서는 처음부터 배워야 하는 상황이었습니다. 나중에 와이프는 '센터에서 일할 때 운영도 조금 더 관심을 가지고, 해보기도 할걸…' 이라는 고백을 하기도 합니다.

인수 첫 달 적자 400만 원을 기록하고, 저희는 이분에게 매출을 올릴 방법이 없는지 물었습니다. 그러자 실장 입에서는 '가격 할인' 밖에 없다고 이야기하게 됩니다. 그리고 그 이상 다른 방법을 생각하려는 의지가 없어 보였습니다. 그리고, 며칠 뒤에는 몸이 아프다는 이유로 결근. 그리고 당일 퇴사 의사를 밝힙니다. 우리와 일 못 하겠다며 인수인계도 제대로 하지 않고 그만둬 버립니다. 초보 대표와 초보 원장을 두고 그렇게 없어져 버렸습니다.

지금 생각해 보니 가격 할인만 외치는 실장이 그만둔 것은 참 다행이라는 생각마저 듭니다. 그 뒤로 가격을 성공적으로 올렸거든요. (참고로 저희는 필라테스가 널리 알려졌으면 좋겠다는 생각으로 센터를 운영하고 있습니다. 프리미엄 전략이라기보다는 대중화 전략을 사용하고 있어, 가격도 합리적인 편입니다. 센터마다 가격의 높고 낮음을 생각하는 기준이 다른 것 같아 미리 이야기해 드립니다.)

'린 마케팅'이라는 책에서 앨런 딥은 "가격 할인이야말로 가장 게으른 전략"이라고 말합니다. 정말로 그렇습니다. 이런저런 고민을 하기 번거로우니까. 경쟁 센터에서 하니까. 그냥 나도 가격 할인 한 번. 이런 식으로 진행되는 경우가 많더라고요. 이런 이야기를 들으셔도 딱히 가격 할인 말고 다른 방식의 마케팅이 생각나지도 않으실 겁니다. 또, 가격 할인을 하면 반응이 있기도 하니까 계속하시겠죠.

그런데 가격을 낮출수록 나의 매출, 순익에는 직접적으로 부정적인 영향을 줄 겁니다. 게다가 가격이 낮아지면 진상 고객들을 만날 확률도 높아집니다. 돈은 돈대로 못 버는데, 힘든 고객들을 만나 에너지도 다 빼앗겨버리는 악순환이 시작됩니다. 그 시작이 과도한 가격 할인 이벤트라고 볼 수 있습니다.

이렇게까지 가격 할인은 하지 말라고 당부드렸는데요. '그러면 뭘 어쩌라는 거야? 대안을 말해줘'라고 생각하실 겁니다. 그에 대한 제 경험을 이야기해 드리겠습니다. 끝까지 집중해 주세요.

<u>블로그를 통해서 우리 사업장의 가치를 알리세요.</u> 또, 블로그입니다. 너무 만능 툴인 것처럼 이야기하는데요. 일단 가격 할인 문제는 블로그 마케팅으로 해결이 되었습니다. 다음 세 가지 방법으로 진행했습니다.

1. 가격은 '이 정도면 괜찮네' 수준까지만 공개합니다.

필라테스는 '생활 체육'이라는 카테고리로 사람들의 머릿속에 들어 있을 겁니다. 그리고 이런 카테고리에는 넘기지 못하는 금액이 있습니다. 쉽게 생각하면 직장인 하루 점심값으로 7,000원은 누구나 저렴하다고 생각하지만, 18,000원이 넘어가면 비싸다고 생각하는 것이죠. 누가 사주지 않는다면 25,000원을 넘기기는 힘들 겁니다. '점심 식사'라는 카테고리에서 넘기지 못하는 금액입니다.

이 금액은 지역마다, 시기마다 다를 수 있습니다. 하지만 제가 운영하는 지역에서는 그룹 수업 기준으로 한 달에 8만 원 정도는 '이 정도면 괜찮네'라며 결제할 수 있는 금액이라고 생각합니다. 이런 금액을 기간이나 횟수를 조정하여 만들 수 있나요? 그렇다면 블로그와 네이버 플레이스에 직접적으로 공개하면 좋습니다. 예를 들어 12개월 00회 96만 원 회원권이 있다고 하면 월 8만 원이 되는 겁니다.

반면에, 프리미엄 전략으로 사업장을 운영하실 수도 있을 겁니다. 보통 물리 치료사분들이 필라테스 센터를 오픈하시면서 재활을 강조하거나, 클래식 필라테스나 자이로토닉 같은 +a가 붙은 경우들인데요. 이런 경우라면 네이버 플레이스와 블로그에는 가격을 공개하지 않는 것을 추천해 드립니다. 가격을 공개하는 순간 사람들은 '생활 체육' 혹은 '필라테스'라는 카테고리에서 단순 비교를 해버릴 테니까요. 일단 문의해야 +a에 대한 가치를 더 이야기할 수 있을 테니까요. 그러면 블로그에서는 어떤 내용들을 이야기하면 좋을까요?

2. 블로그에서는 우리 사업장이 해결해 줄 수 있는 문제를 이야기하세요.

다시 한번 강조해 드리지만, 블로그나 플레이스에서 가격은 '이 정도면 괜찮네'라는 수준이라면 공개하고, 그렇지 않으면 공개하지 않는 것이 좋습니다. 그러면 가격에 대한 정보는 분량 자체가 적은데요. 대신에 '우리가 해결해 줄 수 있는 문제들'에 대해서 이야기를 해주세요.

다시 제 이야기를 해보면요. 저도 필라테스 센터를 운영하기 전까지는 허리와 어깨 통증을 달고 살았습니다. 매일 8시간 이상씩 컴퓨터 앞에 앉아서 일을 하는 직장인으로 필라테스 센터에 보이는 아주 흔한 회원님의 몸이거든요. 도수치료나 마사지도 자주 받으러 다녔습니다. 그런데 필라테스 센터를 운영하며, 이 운동에 대해 알기 위해 회원의 관점에서 수업을 듣기 시작했습니다. 싹 좋아지더군요. **돌이켜 생각해 보면 허리가 아팠을 때는 '어떻게든 이 문제를 해결하고 싶다'라는 생각이 훨씬 강하게 들었습니다. 어떤 비용을 치르더라도 말이죠.**

여기에 포인트가 있습니다. 고객들이 해당 문제 해결에 느끼는 가치에 따라서 우리가 받을 수 있는 가격을 달라집니다. '얼마나 절실하냐?'가 가격에 반영된다고 생각할 수도 있습니다. 즉, 우리는 같은 필라테스 수업을 제공하지만, 사람에 따라서 그 사람이 느끼는 '가치'는 달라질 수 있죠. 여기서 가격을 올릴 수 있는 여지가 생깁니다. 모든 사람이 무조건 저렴한 상품만 찾지 않고, 자기에게 딱 맞는 상품들을 살 수 있기 때문이죠.

그래서 블로그에서는 해결해 줄 수 있는 문제에 관해서 이야기를 풀어줍니다. 그리고 디테일한 가격은 상담하면서 그 사람의 상황에 따라 적합한 회원권을 제안하는 것이죠.

3. 고객에게 충분한 정보를 제공하세요.

고객들이 상담하는 그 순간에는 그 사람에게 가장 적합한 회원권을 제시해 주는 일이 주된 목표가 되어야 합니다. 그런데 이게 가능해지려면, 고객들도 필라테스와 우리 센터에 대해서 충분한 정보를 가지고 있어야 합니다.

만약 이 정보가 없는 상태로 상담을 시작한다면?

자리에 앉아 있는 고객님께 매우 많은 정보를 한 번에 전달 해야 합니다. 예를 들어 필라테스는 어떤 문제를 해결해 줄 수 있고, 우리 센터는 어떤 장점이 있으며, 어떤 회원권을 가졌는지, 센터 이용은 어떻게 하면 되고, 환불은 어떻게 되는지 등등 매우 많은 정보를 한 번에 전달해야 합니다.

이 정보를 처리하기 위해서 시간이 필요하게 되죠. 즉, '조금 더 생각해 보고 올게요'라는 말이 나오기 좋은 상태가 됩니다. 거절을 위한 완곡한 표현일 수도 있지만, 정말로 생각할 시간이 필요한 경우가 생깁니다.

반면에 정보가 충분한 상태로 상담을 시작한다면?

블로그를 통해서 이미 이런 정보들이 공개되어 있고, 고객님이 사전에 조사를 해보셨다면, 상담의 흐름은 달라집니다. 고객은 어떤 효과가 있고, 어느 회원권을 등록하면 좋을지 어느 정도 마음의 결정을 하고 옵니다. 종종 '다 알아보고 왔어요. 결제하고 갈게요'라는 말까지 듣게 되실 겁니다. 회원님은 자신이 조사한 내용들이 맞는지 아닌지만 확인하고 크게 다른 점이 없다면, 공개되지 않은 가격만 확인하고 구매 결정을 합니다.

이 상태가 되면, 우리 센터가 다른 센터 대비해서 금액적으로 가장 저렴하지 않더라도 결제가 됩니다. 회원님이 스스로 생각한 가치를 기준점으로, 이득이라면 결제하실 거거든요.

이렇게 블로그 마케팅이 제대로 작동한다면, 경쟁점들과 가격 경쟁 치킨 게임에서 벗어날 수 있습니다. 주변 경쟁 점포들의 블로그를 살펴보세요. 단순 이벤트, 홍보성 포스팅을 제외하고, 고객들의 선택을 도와 줄 수 있는 내용을 담은 블로그를 운영하는 곳이 있나요? 아마 거의 없을 겁니다.

우리는 같은 상품을 팔더라도 조금이라도 설명이 자세하고 친절한 곳으로 가기 마련입니다. 그리고 블로그는 고객을 만나기 전부터 이런 정보들을 제공해 줄 수 있습니다. 이런 블로그가 있다면 경쟁 점포들과 단순 가격으로 비교가 되지 않습니다.

베낀다고 될 일은 아닙니다

'혹시나 해서 이야기해 드립니다.'

이 책에서는 제가 실제로 작성한 블로그까지 보여드렸습니다. 그리고 눈치가 빠른 분들은 이 블로그를 실제로 찾으셨을 수도 있을 겁니다. 그렇게 찾아보시는 것은 좋습니다. 어떻게 글을 썼는지 꼼꼼하게 확인하시는 것도 좋고, 마음에 드신다면 직접 필사를 해보시는 것도 추천해 드립니다. 그런데, **무조건 제 블로그를 카피해서 사용하지는 마세요. 여러분들의 시간만 낭비하는 일이기 때문입니다.**

같은 업종을 하더라도 우리 사업장에서 고객들에게 전달하고자 하는 가치는 조금씩 다릅니다. 우리 모습이 모두 다르듯이, 사업을 시작하게 된 계기, 운영하는 방식과 전략들도 모두 다릅니다. 필라테스 센터만 하더라도요. 직접 수업을 진행하시는 원장님들이 있습니다. 회원님과 운동하는 것 자체를 좋아하시는 분들이 있으세요. 반면에 좋은 사업으로서 필라테스 센터를 바라보는 분들이 있습니다. 내가 직접 수업하기보다는 선생님끼리 시스템으로서 운영되기를 바라는 원장님들도 계시죠. 또는 물리치료사 출신 원장님들이 있습니다. 이분들에게 필라테스는 하나의 도구일 뿐, 회원님 몸을 좋게 만드는데 모든 신경을 집중하시는 분들도 있습니다. 반면에 클래식 필라테스를 하시는 분들도 있는데요. 이분들은 필라테스 자체에 애정이 깊으시고, 이 운동을 함으로써 회원님들이 더 좋은 생활을 할 수 있도록 도와주시는 분들도 있습니다.

이처럼 같은 필라테스 센터를 운영하더라도 이 사업을 바라보는 관점은 모두 다릅니다. 그리고 사업주분들 각각의 관점이 충분히 우러나와야, 우리 고객들은 블로그 글에서 진정성을 느낄 수 있다고 생각합니다. 제 블로그 글을 그저 베껴 쓰는 게 의미가 없는 이유입니다. 마치 안 맞는 옷을 입는 것처럼 어울리지 않을 거예요.

진지한 생각을 시작해 보세요. 앞서서도 글의 퀄리티는 생각의 퀄리티라고 설명해 드린 적이 있습니다. 그리고 이 생각은 글쓰기를 통해 고정되고, 발전하게 되죠. 블로그 마케팅을 위한 글쓰기라고 하더라도, 글쓰기를 통해 우리는 우리 사업에 대해서 진지하게 생각할 수 있습니다. 이참에 우리 사업장에 대해서 곰곰이 생각해 보면 어떨까요? 내가 하는 사업의 존재 이유를 생각해 보고, 고객들에게 어떤 가치를 주고 있는지, 생각해 보는 거죠. 이런 생각이 쌓이다 보면 실제로 사업 운영도 그렇게 하게 됩니다.

저희 부부가 필라테스 센터를 운영하는 것도 이런 과정을 거쳤습니다. 부부라고 하더라도 생각이 똑같지는 않은 거 아시죠? 그런데 와이프와 대화를 나누면서 제가 글을 쓰고, 다시 그 글을 와이프가 확인차 읽으면서, 저희 부부는 '고객 관점'에서 사업 운영을 할 수 있게 되었습니다. 여전히 부족한 점들이 많지만, 방향성 하나는 맞게 가고 있다고 생각하고 있어요.

마케팅 때문에 시작한 글쓰기입니다. 하지만 결국은 사업 운영까지 영향을 미치면서, 저희가 운영하는 센터들의 본질을 강화하고 있어요. 그리고 강화된 본질은 블로그 마케팅 글감으로 다시 사용된답니다. 이 선순환이 계속되고 있습니다. 이 책을 끝까지 읽으신 여러분들도 저희 부부가 경험한 이 선순환을 그대로 경험해 보셨으면 좋겠습니다. '이게 되네?' 싶을 정도로 됩니다.

상품이 곧 마케팅이다

'소비자들의 입방아에 오르내릴 만한 상품인가?'

 푸른 초원에서 갈색 소 떼들이 풀을 뜯고 있습니다. 그 광경을 기차에서 보면 어떨까요? 처음에는 '우와' 하지만 곧 지루해지고 말 겁니다. 그런데 그사이에 보라색 소가 있다면 어떨까요? 우리의 눈길을 확 사로잡을 겁니다. 이 내용은 세스 고딘의 저서 '보랏빛 소가 온다'의 핵심 메시지입니다. 소비자들의 입방아에 오를 만한, 그런 상품이 나온다면 소비자들은 알아서 이 상품을 서로에게 알리게 된다는 것인데요. 그래서 '상품이 곧 마케팅이다'라는 메시지를 전하는 책이랍니다.
 제가 운영하는 필라테스 센터 세계에서도 마찬가지입니다. 운영이 제대로 되고 좋은 선생님이 있다면, 회원님들은 자신들의 배우자, 부모, 친구, 회사 동료들을 데려오죠. 여기까지는 단순한 '입소문'이라고도 볼 수도 있습니다. 하지만, 이 사업을 하는 누군가는 경쟁자들과는 완전히 차별화된 무언가를 만드는 사람들이 있습니다. 사람들의 입방아에 오를만한 무언가를 말이죠.

저는 블로그 마케팅이라는 기술 덕분에 운 좋게 다른 지역의 필라테스 센터 원장님들과 이야기를 나눌 기회가 많았습니다. 그 중에는 차별화된 운영으로 센터를 이끌고 계신 분들이 있었어요. 다른 곳에서는 하지 않는 이벤트들을 기획해서, 회원님들이 지루할 틈을 주지 않는 곳, 필라테스와 관련된 운동복 브랜드와 협업해서 우리 센터의 인지도를 높이거나, 새로운 고객관리 시스템을 도입해서, 고객들이 센터를 방문하고 첫 수업을 받는 여정에서의 방해 요소를 획기적으로 줄여 놓는 운영을 하시는 분도 있었죠.

제가 운영하는 센터는 나름대로 블로그 마케팅을 획기적으로 붙여 놓았다는 자부심은 있습니다. 하지만, 아직 센터의 본질은 다른 곳과 큰 차별점이 없다고 보고 있습니다. 이제 우리 센터도 이 지역에서는 보랏빛 소가 되기 위한 노력을 시작할 때죠.

앞서서도 이야기해 드렸지만, 블로그 마케팅을 통해서 우리 부부가 하는 사업에 대해서 깊은 생각을 할 수 있었습니다. 그리고, 이 생각들은 다시 사업장의 본질 강화로 이어지고 있습니다. 이 글을 쓰고 있는 시점에는, 이 선순환의 연장선에서 센터 운영 자체를 손보는 중입니다. 운영 메뉴얼들을 촘촘하게 만들고 있고, 센터에 필요한 여러 규정을 확립하고, 이 기반을 토대로 새로운 콘텐츠 개발에 고민을 거듭하고 있습니다.

이렇게 멋들어지게 이야기하고 있지만, 우리 센터 역시 사업주분들이 겪는 흔한 문제들을 똑같이 겪고 있습니다. 특히, '사람 문제'가 그렇습니다. 마케팅을 해결했다고 해서, 이 문제가 해결되지는 않으니까요. 부족한 점은 여전히 많습니다. 하지만 점점 더 좋아질 겁니다.

5장

블로그 마케팅 대행업도 이렇게

블로그 마케팅
대행 사업

저는 직접 필라테스 센터 2개를 운영하고 있지만, 동시에 블로그 대행사도 운영하고 있습니다. 이 글을 쓰는 시점에는 약 20개의 블로그를 관리하고 있어요. 앞서서 이야기해 드린 전략들을 다른 사업주분들의 블로그에 적용해서 글을 작성해 드리고 있어요.

'이게 돈이 되나?'라는 생각이 드실 수 있을 겁니다. 제 이야기를 해드리면 돈이 들어올 때는 블로그 대행업만으로도 월 순익으로 1,000만 원까지 벌어보기도 했습니다. 필라테스 센터와 달리 시설 투자 비용이 없었고, 꾸준히 쌓여가는 매출이라 정말 만족스럽게 일하고 있습니다.

이 장에서는 블로그 마케팅 대행사에 관해서 이야기해 보려고 합니다. 먼저, 저는 어떻게 시작했을까요?

우리 필라테스 센터의 블로그 마케팅 시도와 성과들을 가감 없이 제 블로그(모네타리움)에 올렸습니다. 큰 기대 없이 '블로그 대행 합니다'라는 문구를 써두면서요. 그랬더니 이런 댓글이 달립니다. '블로그 대행 맡겨 보고 싶습니다.'라고요.

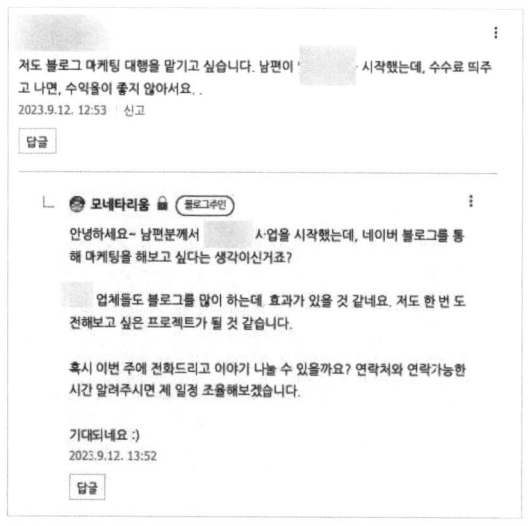

이 당시에 블로그 대행 관련된 준비는 하나도 되어있지 않았습니다. 진짜 쓰는 글마다 '블로그 대행도 하고 있으니 연락해 주세요'라는 말만 하고 다녔을 뿐이거든요. 명함도 없었고, 받고 싶은 가격도 없었고, 계약서도 없었었습니다. 진짜 아무것도 없었어요. 그래서 저 댓글을 보고 문의하신 분과 3일 정도 뒤에 미팅을 잡았습니다.

블로그 대행 시작 단계에서 필요한 것

그 3일 사이 최소한의 준비를 했습니다. 아래와 같은 것들을 고민하고 만들었어요.

1) 블로그 대행으로 얼마나 받으면 될까?
2) 어떻게 하면 이 사람과 계약할 수 있을까?
3) 나는 이 블로그까지 어떻게 관리하지?

하나하나 설명해 드리겠습니다. 이 글을 보면서 여러분들이라면 어떻게 할지도 같이 생각해 보시면 좋겠네요. 필요한 내용일 테니까요.

1) 한 달에 10건의 글을 쓰고 50만 원을 받는다.

지금은 이 가격보다 훨씬 많이 받고 있습니다. 저도 처음이라 블로그 글 하나에 5만 원은 상당히 괜찮다고 생각했습니다. 지금도 블로그 마케팅을 완전 처음 시작하는 분들이 쓰기에 좋은 금액이라고 생각합니다.

다만, 하나의 블로그를 관리하는 것이 그렇게 쉽지는 않습니다. AI로 대충 쓱쓱 만들 거면 쉽게 할 수도 있지만, 진정으로 내가 광고주님의 브랜딩까지 고려해서 작성하면 꽤 고된 작업입니다. 그래서 '내가 이 정도 받으면 행복하게 할 수 있을 것 같아'라고 생각하는 금액을 제시하는 것이 좋다고 생각합니다.

참고로, 블로그 대행으로 많이 받는 곳은 글 하나당 25만 원까지 받는 곳도 있는 것으로 알고 있습니다. 이 가격이면 월 10개를 쓴다고 했을 때, 250만 원이라는 금액이 되는 거죠. 보통 고객들의 객단가가 높은 병의원이나 변호사 같은 블로그를 대행할 때 받을 수 있는 금액입니다.

2) 3개월을 한 번에 계약하되, 첫 한 달 이후 마음에 들지 않으면 전액 환불할 수 있도록 한다.

제가 저희 필라테스 센터를 운영할 때, 블로그 마케팅으로 어느 정도 반응이 오던 시점은 3개월 정도 뒤였습니다. 퀄리티 좋은 글들이 어느 정도 쌓여야 효과가 있더라고요. 그래서 이분에게도 3개월의 시간은 주셔야 한다는 의미로, 3개월 계약을 제시해 드렸습니다.

단, 사업주님이 보셨을 때, 제가 일을 못 하거나 마음에 들지 않는 경우 얼마든지 계약을 취소하고 전액 환불 받으실 수 있는 제안도 포함해 두었습니다. 첫 한 달이 마음에 들지 않는 경우, 사업주님은 손해 없이 대행을 종료하실 수 있었죠.

3) 동생과 같이 이 블로그를 관리합니다.

이때 당시만 해도 블로그 대행업은 부업이었습니다. 저는 회사에 다니고 있었고, 그 상태에서 와이프와 필라테스 센터도 운영하고 있었으니까요. 블로그 대행에 큰 힘을 실을 수 있는 상황이 아니었습니다. 그리고 퇴사를 하기 전까지도 이 상황은 계속될 거라 애초에 다른 사람과 협업하는 구조로 일을 만들었습니다. 친동생을 교육해서 글을 쓰게 하고 내가 점검하는 방식으로 진행하는 방식이었습니다. 이 구조는 현재도 확장되어 제가 운영하는 대행사의 기본적인 운영 시스템이 되었습니다.

3일 뒤. 준비한 내용을 가지고 의뢰하신 분과 전화 미팅을 했습니다. 여전히 명함은 없었고, 제안서라고 해봤자 딸랑 메모지 한 장이었고, 계약서도 없었습니다. 정확히 말하면 만들 시간이 없었죠. 그날 당장에는 바로 '조금만 더 고민해 볼게요.'라고 말씀해 주셨습니다. 아쉬웠습니다. 하지만 아직 끝난 것이 아니잖아요? 마지막 멘트로 '제가 다음 주 같은 요일에 다시 연락드리겠습니다. 그때 알려주세요'라고 마무리합니다.

달력에 적어놓고 이 시간을 기다렸습니다. '하실 거야. 아니면 또 누군가 나타나겠지'라는 생각을 가득 안고 생활하고 있었죠. 그리고 연락이 올 시간이 되었습니다.

> **한 번 해볼게요. 대신 제 사업체로 해보겠습니다.**

이분은 공인중개사분이셨어요. 남편이 다른 사업을 하신다고 했는데 남편이랑은 이야기가 잘 안되셨나 봐요. 대신에 자기 중개사 사무소를 블로그 마케팅해 보고 싶다고 하셨습니다. 작년에 한참 경기 안 좋을 때도, 블로그로 재미를 많이 봤다고. 그런데 다시 하려니까 못 하겠기에 맡겨 보고 싶다고 하시더라고요. 오히려 다행이었죠. 제가 블로그 마케팅 이전에는 부동산 경매를 했었거든요. 그래서 부동산에 대해서는 꽤 알고 있는 편이었습니다.

한편으로 걱정되는 부분이 있다면 '누가 네이버 검색으로 부동산에 연락하지? 다 네이버 부동산 매물 보고 연락하지 않을까?'라는 걱정도 있었습니다. 그래도 해보기 전까지는 모르는 일이니 제 알량한 걱정은 접어두고 대행을 시작하게 됩니다. **이게 정말 중요한 포인트입니다. '내가 잘할 수 있을까?'라는 생각이 들기도 전에 행동해야 해요.**

인터넷 검색으로 블로그 대행 계약서를 어떻게 찾아내서 제게 맞게 수정한 다음 진행했죠. 대행 수입은 한 달에 글 10개 쓰고 50만 원. 글 하나당 5만 원이었습니다. 블로그로 한 달에 이만한 돈을 벌 수 있다는 게 꿈만 같았습니다.

이 첫 광고주님을 성공시키기 위해, 할 수 있는 모든 서비스는 다 했습니다. 블로그뿐만 아니라 플레이스도 관리하고, 네이버 검색 광고도 진행하고, 실제 사업장에 방문해서 사진도 찍어보고. 생각나는 모든 일들을 이때 경험해 보게 됩니다. 이 경험이 나중에 블로그 대행의 구성품을 만드는 데 도움이 됩니다. 그리고, 이 블로그를 통해서 광고주님에게 문의 전화를 가게 만든다면 이 사업을 본격적으로 해봐도 되겠다 싶었습니다.

결과부터 말씀드리면, 이분은 아직도 제게 대행을 맡기고 계십니다. 이 지역에서 가장 작은 사무실을 운영하고 계시지만, '블로그 보고 왔어요'라며 손님들이 불쑥불쑥 찾아오신다고.

제가 필라테스 말고 새로운 업종에서는 어떻게 해나갔는지, 그 경험도 공유해보겠습니다.

첫 고객에게
온 힘을 다하다

'150만 원이 입금되었습니다.'

첫 광고주님이 실제로 입금까지 하셨습니다. 기쁜 마음도 잠시, 부담감이 밀려왔습니다. 제가 운영하는 필라테스로 충분히 성과를 내고 있음에도 불구하고, '부동산 중개소가 될까?'라는 의심이 머리를 치켜들었죠. 다행히 저는 현명했습니다. 의심에 잡아먹히기 전에 할 수 있는 전략들을 실행했어요. 하나씩 소개해 드릴게요.

전략 1. 일단 내가 가진 의심을 해소하자.
일단 제가 가진 부동산 중개소 블로그 마케팅이 통할까? 라는 의심부터 부술 필요가 있었습니다. 그래서 다른 블로그 대행사들에서 부동산 중개소를 하고 있는지 확인했습니다. 다른 대행사가 하고 있다면 저도 할 수 있을 거로 생각했죠. 생각보다 쉽게 사례들을 찾을 수 있었습니다. 괜히 걱정했나 싶을 정도였어요. 그리고 사례들을 모으면서 블로그 구성을 어떻게 해야 하는지도 파악했습니다. 사례들이 잘한 것, 못한 것을 하나씩 분석해 가면서 광고주님의 블로그는 어떻게 해야 할지 가닥을 잡았습니다.

전략 2. 블로그에 광고주님의 스토리를 담자.

다른 대행사가 하고 있는 부동산 중개소의 블로그들은 하나 같이 '매물 소개'에 집중되어 있었습니다. 이런 방식으로는 네이버 부동산 검색과 차별화가 되기 힘들다고 생각했습니다. 그래서 광고주님과 인터뷰 시간을 잡았습니다. 공인중개사로 일하게 된 계기, 생각나는 고객님들, 어떤 마음가짐으로 일하는지 같은 내용들을 확인했습니다. 제가 와이프와 대화를 나누면서 저희 필라테스 센터 블로그의 틀을 잡은 것과 같은 과정이었습니다.

전략 3. 잠재고객이 찾아볼 만한 키워드를 발굴하자.

다른 부동산 중개소 블로그들은 키워드들도 상당히 단순했습니다. '아파트 매매' 같은 단순한 키워드만 반복해서 사용하고 있었죠. 여기서 머리를 한 번 써보기로 합니다. 아파트 이름을 키워드로 써보기도 하고, 전세, 매매, 월세 나눠서 다루기도 하고, 또 이 지역의 개발 소식들을 알 수 있는 호재 키워드들도 생각했습니다. 먹히더라고요. 효과가 있었습니다.

더 많은 전략을 실행했었지만, 이 정도로 줄여봅니다. 효과가 없었던 것들도 있었거든요. 하지만 앞서 정리한 세 가지가 효과가 좋았다고 판단하고 있습니다. 이때 이것저것 해본 경험은 다른 업종 블로그를 맡았을 때 요긴하게 쓰이게 됩니다. 다른 광고주님들이 이것저것 물어보실 때 거침없이 답변할 수 있는 기초가 되기도 했고요.

이때 다시 한번 '와 요즘 세상 너무 좋은데?'라는 감정을 느끼게 됩니다. 이것저것 해보려고 할 때, 조금만 검색을 해보면 그것을 할 수 있는 방법들을 금방 찾을 수 있었거든요. 유료 자료도 돈만 주면, 집에서 학습할 수 있었고, 무료 자료도 하나씩은 배울 게 있었죠.

축복받은 세상이라는 생각이 들었습니다. 몰라서 못 하는 게 아니었습니다. 안 하니까 못하는 것이었어요. 광고주님의 성공을 위한 3개월의 시간을 보냈습니다. 온 힘을 다했습니다. 다행히도 대행을 시작하고 2주 정도 지났을 때부터, 실제로 광고주님에게 손님들이 블로그를 보고 문의를 하기 시작했습니다.

폭발적으로 문의가 왔다고 하면 거짓말입니다. 그럴 수 있는 업종도 아니라고 생각해요. 특히, 이때는 아파트 가격이 전 고점 대비 가격이 20%나 하락하고 있었고, 거래량이 손에 꼽을 정도로 없을 때였습니다. 10억 거래 됐던 아파트가 8억 거래가 되던 시기입니다. 그 거래마저 잘되지 않았죠. 그 틈새를 뚫고 간간이 연락을 받으셨던 거죠. 한 줄기 동아줄이랄까.

'(장난스럽게) 대표님, 이 동네 다른 부동산 블로그 대행하시면 안 됩니다.'

이런 말도 듣게 됩니다. 자기만 갖고 싶어 하는 비밀 무기 정도로 생각하시더라고요. 이분에게는 중요한 존재가 되었다는 사실에 기분이 으쓱해졌습니다. 필라테스 블로그도 성공하고, 다른 업종인 부동산 블로그도 성과를 거둡니다. 자신감도 붙더라고요. 그리고. '이제 확장할 때다.'라는 결심을 하게 됩니다.

신뢰의 씨앗을 뿌리다

필라테스 센터도 블로그 마케팅으로 안정된 매출 성장세를 확보했습니다. 그리고 블로그 대행사의 첫 광고주였던 공인중개사님도 제 블로그 대행 서비스에 만족하셨습니다. 블로그 대행 사업을 더 확장해야겠다고 생각하게 됩니다. 그러고 나서 저는 무슨 일을 했을까요? 터무니없게도 블로그 대행 사업을 한다고 이야기하고 다녔습니다.

네, 적극적으로 영업을 한 것도 아니고, 정말로 '나 블로그 대행 사업을 시작했어'라고 이야기하고 다녔어요. 그랬더니, 정말 의외의 곳에서 저를 찾아 주시더라고요. 특히, 과거의 어느 시점에서 한 번이라도 '제게 도움을 받았다고 생각하신 분'들이 연락을 주셨습니다.

다시 강조해 봅니다. 제게 도움을 받았던 분들이 아니라, 도움을 받았다고 생각하신 분들입니다. 작은 뉘앙스 차이지만 큰 차이가 있어요. 제가 열심히 도와드린 게 아니라, 저는 그냥 콘텐츠를 만들었고 이분들은 그 콘텐츠에 도움을 받으셨던 거죠. 그 상태로 저를 신뢰하게 된 것이었습니다. 지금도 그렇지만, 저는 대부분의 온라인 활동을 무료로 진행합니다.

- 제 경험을 블로그에 무료로 공유하고 있습니다.
- 이것들을 잘 갈무리해서 PDF 만들어도 무료로 공유하는 경우가 많습니다.
- 무료로 온라인 독서 모임도 운영 중입니다.
- 가끔 오프라인 모임도 무료로 기획해 만났습니다.
- 무료로 강의도 했습니다.

이런 콘텐츠들을 통해 제게 신뢰감을 가진 분 중에 블로그 마케팅을 해보려는 분들이 연락을 주신 것이죠. '이게 신뢰의 씨앗이었구나.' 싶었습니다. 이렇게 모인 광고주분들이 초반 매출의 절반 이상을 차지하게 되었죠. 빠르게 성장하는데 마중물이 되었습니다. 그리고 조금 더 생각해 봅니다. '어떻게 이 신뢰의 씨앗을 더 뿌릴 수 있을까?' 꽉 떠오르는 전략이 있었습니다.

> ## 무료 강의

유료 강의를 팔기 위한 미끼 상품이 아니라, 진정으로 모든 노하우를 담은 무료 강의를 하면 될 거라 판단했습니다. 무료로 듣고 도움받으시면 그걸로 끝입니다. 어떤 대가도 바라지 않고 퍼주는 것이었죠. 그렇게 '오프라인 사업장을 위한 블로그 전략'이라는 강의가 만들어지게 됩니다. 23년 11월에 처음 시작해서 석 달에 한 번씩 진행하고 있습니다.

무료 강의를 하면 보통 100명이 안 되는 분들이 신청하셨고, 그중에 다섯 분 정도는 이런저런 문의를 하셨습니다. 그리고 다섯 분 중의 한두 분 정도는 실제로 대행을 맡기셨습니다. 대행을 맡겨 주신 분들께는, 언제나 그렇듯 제가 할 수 있는 최선을 다해 대행을 진행했어요. 그랬더니 기존의 고객분들이 또 다른 고객분들을 소개해 주거나, 혹은 다른 고객분들을 만날 수 있는 접점을 제공해 주셨어요.

예를 들면, 저는 지금 이투스에서 운영하는 학원ON에서 학원 블로그 마케팅 관련 칼럼을 연재하고 있습니다. 물론 여기서도 무료로 콘텐츠를 제공해 드리고 있습니다. 이 칼럼 연재도 담당자분이 제 무료 강의를 받고 제의를 해주신 것이었죠.

나중에 애덤 그랜트의 기브 앤 테이크를 읽고, 제가 했던 전략이 '기버의 성공 전략'이라는 것을 뒤늦게 알게 되었습니다. 요즘같이 소셜미디어가 발전한 세상에서, 내가 아무 대가를 바라지 않고 뿌린 신뢰의 씨앗은 생각보다 훨씬 빠르게 자라서 내게 돌아온다는 사실을 알게 되었죠. 그래서 이 신뢰의 씨앗을 심는 활동은 지금도 계속되고 있습니다. 마케팅 대행사 모네랩은 매달 신규 클라이언트를 맞이했고, 회사는 빠르게 성장했죠. 하지만 곧 문제가 발생합니다.

시스템 구축.
사람들과 함께하다

'경고. 블로그 대행 만만하게 보지 마세요.'

바로 직전 글에서 기버의 성공 전략으로 꽤 많은 광고주님을 모셨다고 했습니다. 시기마다 다르기는 하지만 대략 20개 안팎의 블로그를 관리하게 되었죠. 월 최고 매출은 1,600만 원이 조금 안 되는 수준까지 올라가고 있었습니다. 블로그로 이렇게 벌 수 있다는 사실에 감사했죠. 이렇게 이야기하면 너무 행복합니다. 하지만 치명적인 문제가 발생합니다.

일단 글을 써야 하는 양이 미쳐버립니다. 하루에 글을 최소 4개에서 많게는 6개까지 써야 했습니다. 블로그 좀 해보신 분들은 아실 겁니다. 1일 1 포스팅이 얼마나 어려운지. 그 어려움의 최소

4배 정도의 업무 강도를 해 내야 했죠.

글 하나하나도 정성 들여서 써야 했습니다. 광고주님 관점에서는 돈 주고 맡겼는데 퀄리티가 당연히 나와야 하죠. 제가 그냥 운영하는 블로그는 오타나 이상한 표현이 있어도 넘길 수 있었지만, 대행으로 쓰는 블로그는 그럴 수 없었습니다. 또, 글쓰기 이외에 일들이 생각보다 많았습니다. 특히 광고주님과 대화하고 니즈를 파악하는데 시간과 에너지가 많이 들어갔습니다. 그 와중에 발행한 글에 대해 수정 사항이나 불만이 접수되기라도 하면, 대응하는데 에너지와 시간이 들었죠.

이 상태가 두 달 정도 유지되었습니다. 그러더니 몸이 아프더라고요. 어지럽고 가슴이 아프고. 집중력은 현저히 떨어지고. '뭔가 잘못됐다.' 싶었습니다. 그렇게 시스템 구축을 시작합니다.

첫 번째 시스템 - 프리랜서 작가

기억하실지 모르겠지만, 제가 대행을 할 때 모든 글을 혼자 다 쓰지 않았습니다. 처음에는 친동생을 교육해서 일을 했죠. 동생이 자료 조사와 초안을 쓰면, 제가 퇴고를 하며 글의 퀄리티를 업그레이드하는 방식을 사용했습니다. 이런 방식으로 동생의 역할을 할 다른 프리랜서 작가들을 몇 분 고용해서 함께 일했죠. 글 하나당 25,000원씩 드렸으니, 해보려고 하시는 분들은 많았습니다. 블로그 글 쓰는 걸로 이 정도의 금액을 안정적으로 받을 기회는 흔치 않거든요.

그러니까 작가분들이 초안을 작성해 주면, 제가 편집자가 되어 퇴고하는 방식이었습니다. 이렇게 해도 하루에 4개~6개 글 작성은 무리가 있었습니다. 프리랜서 작가분들도 정말 열심히 해주셨지만, 가끔 포인트가 엇나간 글을 쓸 때는 제가 처음부터 다시 써야 했거든요. 퀄리티 관리가 쉽지 않았습니다. 게다가 글 작성 이외에도 할 일(고객사 관리와 마케팅 대행사의 마케팅)이 많았는데 이에 대한 대응이 불가능했습니다.

두 번째 시스템 - 팀원 고용

제 일을 나눠서 할 직원을 뽑게 됩니다. 프리랜서 작가 일을 하시던 분 중 한 분이 관심을 보여주셔서 함께하게 되었어요. 입사 후에 열정적으로 임해주셔서, 감사하게도 이게 작동하기 시작합니다. 이 시스템을 구축할 때. 현직 & 전직 기자분들을 만나서 의견을 구했습니다. 신문이 그렇잖아요. 좋은 퀄리티의 글을 분위기와 느낌이 크게 다르지 않게 매일 막대한 양을 뽑아내는 곳이니까요. 그곳에서 어떻게 일하고 있는지 자세하게 물어봤어요.

이때 '퇴고를 꼭 해야 한다'라는 원칙을 알게 되었어요. 그리고 글을 쓴 당사자가 아닌 다른 사람이 봐줄수록 퀄리티가 좋아지니, 이를 구조적으로 구축해야 한다는 사실을 알게 됩니다. 그래서 대행사 시스템으로도 적극 도입하게 됩니다. 직원 A 님이 글을 쓰면 제가 퇴고를 합니다. 제가 글을 써도 직원 A 님이 퇴고합니다. 이런 방식으로 교차 피드백을 진행했죠.

덧붙여 피드백을 진행하면서, 자주 틀리고 언급되는 부분들은 가이드로 만들어 문서로 만들었습니다. 직원 B 님, 그리고 이후에 함께하실 분들을 위해서 노하우를 쌓아 두고 있는 것이죠. 직원 A 님과 B 님이 들어오시고, 실무들을 처리해 주시니, 확실히 제가 여유가 생기게 됩니다. 이 여유 덕분에 이 책이 나올 수 있었던 것이기도 합니다.

완벽한 시스템 구축은 없다고 생각합니다. 직원분들과 같이 일해 나가면서 제 비전을 구축하고, 거기서 파생되는 '일하는 방식'을 만들어가고 있습니다. 한 예로 저는 개인의 자율성을 굉장히 존중합니다. 그래서 직원 A 님과 B 님은 각각 격주로 한 번씩만 사무실에 출근하고 있습니다. 이분들도 '자유'의 소중함을 알고 있으시고, 그만한 책임감을 가지고 계신 분들이거든요. 이런 신뢰를 기반으로 함께하고 있습니다.

여기까지가 이 글을 쓰는 25년 5월까지. 현재 시점의 이야기입니다. 딱 2년 전에는 제가 운영하는 필라테스 센터를 성공시켜 보겠다고, 혼자서 글을 쓰고 있을 때인데요. 짧은 기간에 의미 있는 성장을 이뤄냈다고 생각합니다.

다시 시작한다면

이 책을 여기까지 읽어주셔서 감사합니다. 어느덧 마지막 장이네요. 아마 지금까지 읽어주신 분 중에 블로그 대행업에 관심이 있다면, 이런 의문을 가지고 계실 거로 생각합니다.

블로그 대행, 어떻게 시작하면 되나요?

제게 직접 이 질문을 해주신 분들이 많았습니다. 지금까지 읽어주신 여러분들에게 감사의 의미를 담아 핵심 팁을 이야기해 드릴게요. 지인이나 친한 사업주분들에게 연락해서 이렇게 이야기하세요.

> '제가 블로그 무료로 관리해 드릴게요.'

제가 이 조언을 드리면 거의 반사적으로 튀어나오는 답변이 있습니다. '저는 아는 게 없는데요?' 이 말에는 두 가지 의미가 있을 겁니다. 첫째는 실제로 대행을 할 수 있는 능력이 없다. 둘째는 이렇게 갑자기 대행을 해도 되는지 망설여진다. 하나씩 설명해 드릴게요.

실제로 대행할 수 있는 능력이 없다?

이건 요즘 세상에서는 통하지 않는 말입니다. 유튜브에 조금만 찾아보면 양질의 콘텐츠를 찾을 수 있고, 또 브랜드 블로그 운영 비법 강의 하나만 구매해도 대행을 할 수 있는 능력은 갖춰지게 됩니다. 게다가 이 책을 구매하셨잖아요? 제가 설명해 드리는 내용을 여러분들의 것으로 만드셔도 충분히 좋은 글, 나아가 문의하는 글들을 만들 수 있습니다. 게다가 저도 주기적으로 무료 강의를 하고 있으니, 제 블로그를 이웃 추가 해주시고 소식들을 받아보세요.

사실 이런 콘텐츠를 소비만 하고, 실제로 행하지 않는 게 더 시간 낭비입니다. 대행할 블로그를 먼저 구하게 되면(아무리 무료라도) 학습 속도가 매우 빨라질 겁니다. 무료라고 해도 내 실력이 들통날까 봐 창피당하기는 싫으실 거니까요.

갑자기 대행을 해도 되는지 망설여진다?

제 생각을 솔직히 이야기해 드러볼게요. '지금 내가 버는 돈 보다 더 많은 돈을 벌고 싶다.'의 의미는요, '내가 지금 맡고 있는 책임보다 더 큰 책임을 감수하겠다'라고 말하는 것과 같습니다. 즉, 이 종류의 망설임은 돈은 벌고 싶은데, 책임은 지기 싫다는 그런 종류의 감정이라고 생각합니다. 이렇게 후퇴하는 생각을 하기보다는 일을 시작하고, 되게 만들어서 전진하는 것이 필요합니다.

이 책의 앞으로 돌아가 2년 전, 제 상태도 다시 살펴보세요. 필라테스 센터 인수 직후까지도 블로그 마케팅 능력이 없었습니다. 절박하니까 하게 되었고, 어찌 됐든 3개월 정도의 시간을 버텨냈기에 시작할 수 있었던 것이었어요.

또, 첫 번째 광고주님(공인중개사님)을 제가 맡았을 때는 어땠나요? 필라테스 블로그 성공 경험은 있었지만, 공인중개사가 될 거라는 확신이 100% 있었을까요? 이것도 한 단계 더 큰 책임을 짊어지기로 한 결정으로 시작된 것이었습니다.

주위를 둘러보시면 블로그의 필요성을 알고 계시면서도 손도 못 대는 분들이 정말 많습니다. 일단 가족, 친지들을 생각해 보세요. 공인중개사, 필라테스 센터, 헬스장, PT 샵, 메이크업 샵, 네일 샵, 학원, 변호사, 세무사, 캠핑장, 펜션, 이런 것들 하시는 분들은 없나요? 사촌까지 확장하면 누구 한 명은 있을 겁니다. 혹은, 내가 실제로 소비하고 있는 사업장도 다시 생각해 보세요. 우리 아이가 가는 학원, 키즈카페, 내가 이용하는 소호 사무실 등. 내가 실제로 소비하고 있는 곳 중 블로그 마케팅이 필요한 곳을 생각해 보세요. 그리고 그 사업체의 사장님께 먼저 제안해 보세요.

무료로 해준다는데 마다할 사장님은 많지 않습니다. 그렇게 시작해서 어떻게든 성과를 내려고 노력하시고, 성과가 나면 포트폴리오로 사용하세요. 이 경험을 활용해서 하나씩 늘려가세요. 이렇게 시작하면 됩니다.

블로그 대행 사업의 이점

사람마다 추구하는 가치는 다릅니다. 그런데 저는 '자유'라는 가치를 추구합니다. 지금 열심히 돈을 버는 이유도 돈에 자유로워지기 위해서 노력하고 있는 것이죠. 흔히 말하는 경제적 자유입니다. 너무 흔해서 빛이 바랬지만, 저는 여전히 진지하게 받아들이고 노력하고 있죠. 블로그 마케팅은 제가 자유를 추구하기 위해 유용한 기술이 될 것 같아요. 설명해 보면 말이죠.

1. 오프라인 사업장을 추가로 확장하는데 자신감이 생겼습니다.
마케팅을 할 수 있다는 자신감이 있기에 지금 하는 필라테스 센터를 확장한다고 해도 자신이 생기더라고요. 필라테스 말고도 블로그가 효과 있는 업종이라면 도전해 볼 수 있을 거라는 생각이 듭니다. 게다가 대행을 하면서 다른 업종들을 간접 체험하고 있기에 가치 있는 경험도 누적되고 있습니다.

2. 다른 분들과 협업할 기회의 문을 열어주고 있습니다.

다른 사업주분들과 프로젝트로 진행하고 있는 일들이 있습니다. 제가 마케팅을 담당하고, 그분들은 사업의 운영을 맡으시는 형식이죠. 수익은 배분하고요. 이런 기회들이 많아질수록 제 소득은 올라갈 겁니다. 저와 이런 방식으로 협업하고 싶다면 편히 연락해 주세요. 서로 도와 돈을 벌 수 있다면 언제든 환영입니다.

3. 자본 투자 없이 만드는 현금흐름입니다.

아시다시피 블로그 대행을 하는 데는 자본금이 들어가지 않습니다. 이렇게 버는 돈은 생활비를 제외하고, 투자를 위한 시드로 사용되겠죠. 김승호 회장님은 유튜브나 책에서 '돈은 생각으로 버는 것이다'라는 이야기를 하십니다. 이 말에 전적으로 공감합니다.

블로그 대행 사업이 배워야 할 기술들이 몇몇 있기는 하지만요, 결국은 '글쓰기'를 기반으로 한 사업입니다. 저는 제 글쓰기 능력이 다른 분들에게 도움이 되는 이 사업이 참 좋습니다. 광고주님들이 실제로 '고맙습니다'라고 표현해 주실 때 제 일에 자부심을 느낍니다.

    스스로 생각했을 때 글쓰기에 약간의 소질이 있다고 생각하시나요? 그렇다면 한 번 도전해 보세요. 쉽다고는 하지 않겠습니다. 하지만 나의 재능을 마음껏 뽐내며 다른 사람에게 도움을 주는 삶을 살 수 있을 거예요.

마치며

'이 책은 틀릴 수 있습니다.'

이 책을 끝까지 읽어주셔서 감사합니다. 제가 사용하고 있는 블로그 마케팅의 모든 핵심 전략을 모두 배우셨습니다. 그런데 마치기 전에 한 가지 부탁드리고 싶은 이야기가 있습니다. 이 책의 내용이 언젠가는 틀릴 수 있다는 사실을 말이죠. 아! 지금 당장은 안심하셔도 좋습니다. 제가 이 책에서 알려드린 블로그 마케팅으로 지금까지 성과를 만들어 온 것은 사실입니다. 제가 직접 운영하는 센터 2개도 이 전략들의 혜택을 얻고 있고, 제게 일을 맡겨주시는 광고주님들께 성과를 만들어 드리고 있는 것도 사실이죠.

다만, 이 전략들이 시간이 지나면 언젠가는 틀릴 수 있고, 여러분들의 사업장이 겪게 될 변화에 맞지 않을 수 있다는 것입니다. 이 책에서는 최대한 시간의 변화에도 견딜 수 있도록 본질적인 이야기를 담으려고 애를 썼습니다. 하지만 '변화'라는 무자비한 힘 앞에서는 어쩔 수 없다는 것도 잘 알고 있기에, 이런 이야기를 여러분께 전하고 있는 것입니다.

여기서 반전이 있습니다. 지금부터 블로그 마케팅에 발을 담그신다면 어떤 변화가 와도 누구보다 재빠르게 대처할 수 있다는 사실입니다. 그리고 이 힘은 '틀릴 수도 있다'라는 사실을 인정하는 것에서부터 시작합니다. 이게 가능해지면, 여러분들은 상당한 전략적 유연성을 얻게 되실 겁니다. '아! 이게 아니네. 다른 방법이 없을까?'라는 생각을 잘하게 되실 겁니다. 적어도, 스스로 맞다고 계속 우기며, 실패한 뭔가로 더 큰 실패를 만들지는 않을 수 있게 됩니다. 정답을 향한 영점 조절할 수 있는 뭔가를 배우기도 하고요.

그래서 자신 있습니다. 성공으로 나아갈 자신이 말이죠. 제가 블로그 마케팅한다고. 10년 정도 다닌 회사를 나오려고 할 때. 아버지는 걱정이 많이 되셨는지, 'AI가 글을 써주는 세상에 그 일을 해도 될까?'라는 이야기를 하셨습니다. 나중에는 정말로 그럴지도 모릅니다. 아버지의 우려가 맞고, 제가 틀릴지도 모릅니다. 그런데 아무리 생각해 봐도, 제가 훨씬 유연하게 변화에 적응하고 있습니다.

저는 블로그 글을 매일 쓰고 있는 사람입니다. 그러다 보니, 이 세계가 돌아가는 것을 빠르게 캐치하고 있죠. 그래서 오히려 AI는 제가 더 잘 활용하고 있습니다. 나중에는 제 생각이 틀려서 정말로 AI가 사람들의 마음을 훔치는 글을 쓰게 될지도 모릅니다. 그런데, 정말 그 시대가 오면 그 AI를 쓰는 사람은 제가 될 겁니다.

제가 틀렸을지도 모릅니다. 항상 그럴 겁니다. 하지만, 이 생각을 매일 같이 검증하고, 치열하게 고민하며 뚜벅뚜벅 나아가고 있어 큰 걱정은 없습니다. 어떻게든 해결책을 찾을 거거든요.

지켜봐 주세요. 이 책을 덮는 순간. 새로운 시작입니다. 우선은 이 책에 담긴 전략들을 하나씩 실행해서 여러분들의 경험으로 바꿔주세요. 그 과정에서 '블로그 보고 문의드렸어요'라는 아주 신기하고, 신나는 경험을 하시게 될 겁니다. 그리고 시간이 지나도 이 책을 곁에 두고 간간이 한 번씩 꺼내서 보세요. 실행하고 있지 않은 전략들이 있다면 추가해 보세요.

이 책을 쓰고 난 후에도 저는 계속해서 필라테스 센터와 블로그 대행 사업을 하고 있을 겁니다. 물론 지금과는 그 모습이 많이 달라져 있을 테지만요. 이 활동 내용들을, 블로그, 스레드, 인스타그램, 유튜브 등을 통해서 공유하고 있을 거예요. 저를 지켜봐 주세요. 본질은 이 책에 모두 담았지만, 변화 속에서 적응하고, 성장하는 모습은 이렇게 확인해 주세요.

내 블로그가 고객을 데려왔다

초판 1쇄 발행 · 2025년 09월 03일

지은이 · 강승우
펴낸이 · 김승헌
외주 디자인 · 유어텍스트

펴낸곳 · 도서출판 작은우주
주소 · 서울특별시 마포구 양화로 73, 6층 MS-8호
전화 · 031-318-5286 | 팩스 · 0303-3445-0808 | 이메일 · book-agit@naver.com
ISBN · 979-11-991654-7-2(03320)

| 북아지트는 작은우주의 성인단행본 브랜드입니다. |